GEORGES FIRMIN-DIDOT
SECRÉTAIRE D'AMBASSADE

ROYAUTÉ OU EMPIRE

LA FRANCE EN 1814

D'APRÈS LES

RAPPORTS INÉDITS DU COMTE ANGLÈS

MAISON DIDOT
FIRMIN-DIDOT ET Cie, ÉDITEURS
IMPRIMEURS DE L'INSTITUT
56, RUE JACOB
PARIS

ROYAUTÉ OU EMPIRE

LA FRANCE EN 1814

TYPOGRAPHIE FIRMIN-DIDOT ET Cie. — MESNIL (EURE).

GEORGES FIRMIN-DIDOT

SECRÉTAIRE D'AMBASSADE

ROYAUTÉ OU EMPIRE

LA FRANCE EN 1814

D'APRÈS LES

RAPPORTS INÉDITS DU COMTE ANGLÈS

MAISON DIDOT

FIRMIN-DIDOT ET Cie, ÉDITEURS

IMPRIMEURS DE L'INSTITUT

56, RUE JACOB

PARIS

AVANT-PROPOS

Parmi les richesses historiques contenues dans les Archives du Ministère des Affaires Étrangères, j'ai pu, grâce à l'extrême obligeance de M. Girard de Rialle, directeur de ce Dépôt, retrouver les rapports politiques du comte Anglès qui fut chargé, par Louis XVIII, de la police du Royaume, au début de la première Restauration. Ces documents inédits m'ont paru offrir un véritable intérêt pour tous ceux qui s'occupent de cette période, encore imparfaitement connue, de notre histoire moderne et je me suis efforcé d'en faire un résumé aussi complet que possible (1).

Ce n'est donc pas un recueil de mémoires que je présente au lecteur si avide, depuis quel-

(1) *Archives du Ministère des Aff. Étr.* France. Mémoires et documents; T. 336-345.

que temps, de ce genre de publications; c'est un récit ou, plus exactement, le Journal des faits les plus saillants qui se produisirent, depuis le rétablissement de la monarchie, jusqu'au retour de l'Ile d'Elbe. Car ces rapports, dont le premier porte la date du 22 avril 1814, furent brusquement interrompus par la marche triomphante de Napoléon vers Paris. Ils n'embrassent donc qu'une période de quelques mois, mais, pendant ce court espace de temps qui précéda les Cent Jours il se produisit, à Paris et dans toute la France, bien des événements témoignant de l'agitation des esprits et du peu de stabilité de la monarchie renaissante. C'est un tableau fidèle de cette époque troublée que nous offrent ces pages fort curieuses; en les parcourant, il se dégage nettement cette impression que deux partis également puissants étaient en lutte. Royauté ou Empire; tel était le dilemme qui se présentait alors à la pensée de tous et dont la solution laissait le champ ouvert à un redoutable inconnu!

Ces notes de police, centralisées chaque jour par les soins du comte Anglès, nous font sentir quelle sourde fermentation agitait le parti des militaires fort malmené par le nouveau gouvernement; en lisant ces pages, on assiste à ces émeutes qui, peu à peu, éclatent dans les provinces où la grande figure du héros relégué à l'Ile d'Elbe est toujours aussi vivante; on découvre, enfin, avec tristesse, dans ces récits, au style souvent un peu ampoulé, de quelles misérables flatteries on entourait un roi qui aurait dû comprendre, comme le disait alors Fouché, qu'on ne peut persuader à un peuple que tout ce qu'il a admiré, pendant vingt-cinq ans, a été mauvais!

Peut-être les documents, qui forment la matière de cette étude, sembleront-ils présenter, sur certains points, une analogie avec des publications antérieures; il est, cependant, un côté de notre histoire contemporaine auquel ils donnent un relief tout spécial : je veux parler des détails très intéressants et inédits qu'ils contiennent sur l'Empereur, pendant son séjour à l'Ile d'Elbe. En effet, grâce aux rapports permanents que le comte Anglès entretenait dans l'Ile, tant par les espions qui avaient pu se glisser dans l'entourage de Napoléon, que par les émissaires spéciaux chargés de la surveillance des ports de l'Italie, le chef de la police était à même de transmettre au roi des indications précises sur les moindres agissements de l'illustre prisonnier des Puissances.

Il est hors de doute que, dans ces notes de police, dans ces lettres émanant de personnes dont l'intérêt était de courtiser le nouveau gouvernement, il y a lieu de faire la part d'une certaine exagération; néanmoins, ces rapports pourront être utilement consultés, au point de vue documentaire, car on y trouvera de précieux renseignements sur la vie que menait Napoléon dans son minuscule royaume et sur tous les préparatifs, réels ou simulés, qu'il y faisait en vue d'une installation qu'il souhaitait ne pas être définitive. Enfin, les dernières pages des rapports du ministre de la Police sont particulièrement curieuses, car elles nous donnent bien la physionomie de Paris, au moment où y parvint la surprenante nouvelle du débarquement de l'Empereur et de sa marche rapide à travers la France.

J'ai dit, plus haut, que ces rapports étaient datés, pour la première fois, du mois d'avril 1814; le comte Anglès ne fut cependant pas, dès cette époque, titulaire du portefeuille de la Police. Le gouvernement Provisoire le chargea, par intérim, du ministère de la Police générale, mais, jusqu'au mois de décembre de cette année, il releva du comte Beugnot, ministre de l'Intérieur qui semble, d'ailleurs, lui avoir complètement abandonné le soin de résumer ces notes journalières et de les faire passer, ensuite, sous les yeux du roi. Pontchartrain en faisait autant, sous le règne de Louis XIV et, depuis cette époque, ce fut une des attributions du lieutenant de police.

Au mois de décembre 1814, lorsque Anglès prit définitivement la Direction de la Police du Royaume, par suite de la nomination de Beugnot à la Marine, tout en ne se faisant aucune illusion sur l'importance de ses fonctions, il ne prévoyait cependant pas les difficultés qui devaient surgir au milieu de ce trouble général des esprits; aussi, peut-on regarder son travail comme un témoignage manifeste de cette infatuation qui obscurcissait la vue de tous les membres du nouveau gouvernement. Il suffit, pour s'en convaincre, de lire ce passage, extrait d'un de ses premiers rapports... « Je crois que la

« situation de Paris n'est pas alarmante, car les « partis tendent plutôt à se former qu'ils ne sont « organisés; les esprits sont inquiets et agités, « mais il n'existe aucune trace de complot « réel ni de système arrêté, les mécontente- « ments et les murmures sont vifs et pronon- « cés, parmi les généraux, sans qu'ils sa- « chent, peut-être, eux-mêmes, en expli- « quer la cause et, surtout, sans qu'ils soient « d'accord, même dans leurs prétextes... à « plus forte raison ne le seraient-ils nulle- « ment s'il s'agissait sérieusement, entre eux, « d'un coup de main et d'un but politique « quelconque; d'ailleurs, la masse des habi- « tants, particulièrement dans les faubourgs, « est uniquement occupée de ses travaux et « reste presque étrangère à la chaleur des dis- « cussions politiques. »

Je dois ajouter, toutefois, que, deux mois plus tard, les illusions du comte Anglès commençaient à disparaître et, en toute sincérité, il est obligé de reconnaître que « au milieu de « tous les récits contradictoires qu'on lui « adresse, parmi ces incertitudes politiques et « ces bruits de dangers et de complots, la vé-

« rité est difficile à démêler, car l'opinion se tour-
« mente et elle ne lutte pas contre des chimères. »

Après avoir donné un aperçu général des rapports dont on trouvera, ci-après, les extraits que je me suis efforcé de coordonner, car il n'était pas possible de mettre sous les yeux du lecteur l'ensemble d'un travail composé de dix volumes, il ne me reste plus qu'à faire connaître, en peu de lignes, le personnage auquel nous les devons.

Le comte Anglès, fils d'un Premier Président à la Cour de Grenoble, naquit dans cette ville en 1780. Encore fort jeune, en 1808, il fut distingué par l'Empereur et appelé par lui au Conseil d'État; les qualités exceptionnelles qu'il développa dans ses fonctions de maître des requêtes attirèrent, de nouveau, sur lui l'attention de Napoléon et il fut chargé, peu de temps après, du troisième arrondissement de la Police générale qui comprenait l'Italie; néamoins, il continua à résider à Paris.

A la chute de l'Empire, Anglès, suivant le triste exemple d'un grand nombre d'hommes politiques qui, bien que redevables de leur fortune à Napoléon, n'hésitèrent pas à l'abandonner, lorsqu'ils virent son étoile disparaître, offrit ses services et son expérience au Gouvernement Provisoire; celui-ci le fit sortir de l'obscurité des bureaux et lui donna, ainsi que je l'ai déjà dit, l'intérim de la direction de la Police. Louis XVIII, lors de son retour en France, conserva Anglès à ce poste, où il s'était fait remarquer, et le nomma bientôt Conseiller d'État.

Au 20 mars 1815, le Ministre de la Police suivit le Roi à Gand et il ne rentra à Paris qu'après Waterloo. A la fin de septembre de la même année, Decazes ayant remplacé Fouché au département de la Police générale, le comte Anglès passa à la Préfecture de Police où il joua un rôle assez effacé. Les événements l'ayant contraint à donner sa démission, quelque temps après la chute du ministère Decazes, il se retira définitivement de la vie politique et se fixa dans une de ses terres, aux environs de Roanne, où il mourut le 16 janvier 1828.

G. Firmin-Didot.

ROYAUTÉ OU EMPIRE

LA FRANCE EN 1814

D'APRÈS LES RAPPORTS INÉDITS DU COMTE ANGLÈS

CHAPITRE PREMIER

22 *Avril* 1814. — Les manières affectueuses de Monsieur, ses expressions pleines de bonté et si dignes d'un petit-fils de Henri IV ont produit un très bon effet sur la garde nationale et, depuis les dernières revues, elle se prononce généralement pour le nouvel état de choses. Mais, il y a un très mauvais esprit dans la nombreuse classe du peuple qui vit de son travail et qui voit ses moyens d'existence diminuer progressivement. Son mécontentement se propage et se manifeste chaque jour davantage: cependant, il ne serait de nature à donner de graves

Observations générales sur l'esprit public.

inquiétudes que dans le cas, seulement, où les ouvriers resteraient longtemps sans travail et les plus indigents sans secours.

On aperçoit dans la classe supérieure, parmi les gens du monde habitués à réfléchir, un sentiment général d'inquiétude qui est porté, chez quelques-uns, jusqu'à la crainte d'une guerre civile. Ce sentiment est, chaque jour, excité par des pamphlets et des écrits, sans nom d'auteur et d'imprimeur, dont le style réveille les haines, provoque les vengeances et est bien opposé aux discours cléments et paternels des membres de l'auguste maison de Bourbon. Des attaques aussi vives et aussi souvent répétées formeront un seul faisceau des hommes qui ont figuré plus particulièrement dans la Révolution et qui ont servi le dernier gouvernement. Leur énergie peut les porter à se préparer des moyens de résistance et à s'unir aux mécontents qu'ils iront choisir dans les rangs de l'armée; il en résulterait une suite de réactions qu'il faudrait prévenir et contre lesquelles il est utile de se mettre en garde, de bonne heure.

Attitude de la garde impériale.

Les renseignements parvenus au Ministère de la Police générale portent que la garde impériale qui occupe toute la route, depuis Nevers jusqu'à Fontainebleau, est dans l'attitude la plus menaçante et continue à se montrer dévouée à Napoléon. La division de cette troupe en un corps moins nombreux, sa répartition dans des garnisons éloignées de la Capitale, sont des points bien importants qui doivent fixer l'attention continuelle du Ministre de la Guerre.

On continue à se plaindre que l'autorité ne se montre nulle part, ni par des actes, ni par des proclamations. Cette plainte est fondée en partie, mais ces inconvénients, graves à la vérité, tiennent à la nature des changements qui ont eu lieu, aux causes qui les ont amenés et aux moyens qui ont été employés à cet effet; mais ils tiennent, surtout, à la force du gouvernement de Bonaparte. Le prompt envoi de commissaires extraordinaires fermes et conciliants, dévoués et capables, considérés et jouissant de la confiance publique est le seul remède à cet état de choses.

Presque toutes les lettres qui arrivent de Paris ou des Départements sont pleines de félicitations sur le retour à l'ordre et à la paix que ramènent les Bourbons. Dans quelques-unes, on déplore les malheurs que répand sur la France la présence des armées alliées. Tout en rendant justice à leur bonne conduite dans Paris, on s'indigne de ce que quelques hommes considèrent leur présence comme un bienfait. Les militaires, surtout, en sont irrités. Le mécontentement d'une nuée d'employés, désormais sans moyens d'existence, donne quelque inquiétude.

La Constitution et les pamphlets pour et contre reviennent dans toutes les correspondances : dans les unes, on laisse supposer que le Prince de Bénévent a voulu perdre le Sénat en la lui faisant adopter; dans d'autres, on prétend que le Roi l'admettra intégralement; d'autres, enfin, prétendent que cette Constitution subira des modifications et que le Roi lui-même s'est occupé de la rédiger.

M. L. de Bourmont écrit à l'abbé Duboys à Angers : «... Il faut vous le dire; tous les amis du Roi qui se vantent d'être purs ne sont pas sages, plusieurs manquent de mesure, de prudence et de discrétion; il en résulte une inquiétude fâcheuse parmi les hommes qui, depuis de longues années, sont à la tête de l'État et de l'armée ».

Le choix des commissaires extraordinaires est généralement blâmé, celui de M. de Polignac, entre autres; on loue celui de M. Begouën.

Les conditions de l'armistice ont paru dures, elles ne satisfont personne.

Les retards qu'éprouve l'arrivée du Roi impatientent et inquiètent.

On raconte que Monsieur a commencé ainsi sa première lettre au Roi, après son entrée dans la Capitale : « De Paris! chose incroyable et que j'ai peine à me persuader! »

On m'a rapporté ce propos que Bonaparte aurait

plusieurs fois tenu à son secrétaire, avant son départ de Fontainebleau : « C'est un f... pays que l'île d'Elbe, mais j'aime mieux y mourir que de signer les propositions de paix que l'on me proposait ! »

Répression de la licence de la presse.

27 *Avril* 1814. — La surveillance qui, sans contredit, a présenté le plus d'obstacles et a obtenu, jusqu'ici, le moins de succès est celle qui a pour objet la librairie et l'imprimerie. Le mot de « liberté de la presse », inséré dans la Charte constitutionnelle, quoique avec des restrictions annoncées, a tourné les têtes des auteurs, des imprimeurs et surtout des journalistes. Vainement, le gouvernement provisoire a décidé que les lois existantes sur l'imprimerie et la librairie continueraient d'être en vigueur, vainement aussi la police générale a mandé devant elle plusieurs des contrevenants; une foule d'écrits plus ou moins dangereux dans les circonstances présentes, de pamphlets dictés par un esprit plus ou moins mauvais, a tout à coup été mise au jour. La vigilance de la police a arrêté et saisi quelques-uns des imprimés les plus dangereux, elle a empêché que des pamphlets de tous les genres fussent criés par des colporteurs dans les rues; mais l'abus n'est pas encore entièrement réprimé.

D'un autre côté, les journaux ont opposé non moins de résistance aux mesures prises pour s'assurer que leur rédaction serait conforme aux vues et à la marche du gouvernement. Les commissaires spéciaux, nommés près d'eux par Monsieur, ont eu de la peine à faire reconnaître leur autorité par les propriétaires et rédacteurs du *Journal des débats* et de celui de *Paris*.

Au reste, je me réunis demain à M. le Préfet de Police et à M. le Directeur de l'Imprimerie et de la Librairie pour déterminer et adopter les mesures les plus convenables afin de rétablir, à cet égard, l'ordre et l'exécution des lois. Cet objet est d'une grande importance, au moment où les passions sont si faciles à mettre en mouvement; il m'a constamment occupé depuis mon entrée en fonctions.

Situation entre Orléans et Nevers.

Un colonel de gendarmerie que j'ai chargé de la mission d'engager MM. Jérôme et Joseph Bonaparte, qui étaient alors à la Motte-Beuvron, près d'Orléans, à se rendre en Suisse et de les y accompagner, m'écrit qu'il ne les a plus trouvés et qu'il s'est mis à leur suite pour s'assurer qu'ils se dirigent, sans se détourner, sur leur destination. Il m'écrit de Nevers, le 23 avril, que le pays qu'il a traversé, en allant d'Orléans dans cette ville, lui a paru assez mal disposé. La présence des troupes empêche les habitants de prendre la cocarde blanche. Le 21 avril, Bonaparte avait couché à Nevers; dès huit heures du matin, jusqu'à minuit, des rassemblements s'étaient formés sous ses fenêtres et on criait : « Vive l'Empereur! » Les premières autorités ont été obligées d'envoyer des patrouilles pour dissiper ces groupes.

Dans les environs d'Orléans, les cavaliers vendent à vil prix leur équipement et leurs chevaux et quittent leurs cantonnements pour retourner chez eux. Il paraît important de mettre promptement un terme à une telle indiscipline.

Rébellion des troupes à Clermont-Ferrand.

Le Commissaire au département de la Police générale, ayant eu avis, par le rapport d'un voyageur, qu'il y avait eu un mouvement très vif à Clermont-Ferrand, à cause du changement de gouvernement et que le drapeau blanc y avait été enlevé et brûlé par la troupe, a demandé des renseignements circonstanciés sur cet événement. Les autorités locales l'ont confirmé par leurs réponses. Le maire a particulièrement adressé le procès-verbal qui avait été rédigé; il contient en substance les faits suivants : Le 11, le maire, à la tête d'un cortège nombreux, a publié dans la ville une proclamation sur les heureux événements annoncés; elle a été accueillie par les habitants aux cris de : « Vive le roi ! » Puis, le drapeau blanc a été placé sur le clocher de la cathédrale. Quelques heures après, un détachement de divers corps s'est porté sur cette église; des chasseurs y sont entrés à cheval pendant la messe.

Plusieurs sont ensuite montés au clocher, ont enfoncé la porte et enlevé le drapeau qui a été foulé aux pieds et brûlé sur la place.

On désigne comme le principal auteur du mouvement le sieur Vautrat, major du 81e, envoyé à Clermont depuis plusieurs mois pour y former une garde mobile.

Le 13 avril, un autre détachement est entré dans la ville aux cris de : « Vive l'Empereur ! » et en faisant des menaces aux habitants. Néanmoins, la nuit a été calme et il n'y a pas eu de voies de fait. D'ailleurs, cette troupe est partie pour Riom, le lendemain, emmenant deux pièces de canon prises dans la ville. Le général Montholon, qui la commandait, s'est fait remettre, par le payeur, environ 6000 francs qui étaient dans sa caisse.

Le même jour, à 7 heures du soir, les troupes autrichiennes sont entrés à Clermont; une députation des habitants de la ville s'était portée à leur rencontre et avait été accueillie par le général commandant, le comte de Stardeck.

Entrée des Alliés à Paris.

28 *Avril* 1814. — Un aide de camp de mylord Dalhousie, venant de Bordeaux et se rendant au quartier général de Wellington, a apporté au comte de Viel-Castel les nouvelles suivantes qu'il s'est empressé de communiquer au public :

« L'entrée dans Paris de l'armée alliée, commandée par le Prince Royal de Suède, a eu lieu aux acclamations de : « Vive notre libérateur! Vive Louis XVIII! Vive le prince Royal de Suède! »

« Les maréchaux Ney et Victor se sont réunis, avec leurs corps d'armée, à ceux des Alliés; ils ont fait leur entrée dans la ville de Paris, le 31 mars, au milieu de l'allégresse générale. Le drapeau et la cocarde du grand Henri, signes du bonheur des Français, ont été arborés dans la capitale.

« La ville de Paris a adressé une proclamation à S. A. R. le prince de Suède, pour remercier ce guerrier sublime et généreux de la paix qu'il va donner à notre chère patrie. Elle se termine par ces mots : « Réjouissez-vous, habitants de Paris, ce grand homme naquit parmi vous (1)! »

Esprit qui règne dans les conversations à Paris.

29 *Avril* 1814. — Dans le monde, on continue à parler beaucoup des conditions futures de la paix; celles de l'armistice inquiètent en faisant présumer que les puissances alliées ne traiteront pas la France avec la générosité qu'elles avaient annoncée.

Les Français, qui ont souffert si longtemps de guerres interminables dans lesquelles ils ont presque toujours été victorieux, ne comprennent pas dans

(1) Il s'agit du fils de Bernadotte.

quel état d'épuisement Bonaparte les a laissés et ne peuvent s'accoutumer à l'idée de n'obtenir aucun accroissement de territoire et d'être soumis aux limites de 1789; on craint, d'ailleurs, que, si les Alliés prescrivent des conditions trop dures, la guerre ne se rallume avant quelques années.

Des considérations particulières se mêlent aussi à ces considérations générales : « Anvers sera déclaré port libre, dit-on, et tous les ports de la Flandre seront ruinés. Dunkerque perdra ses négociants qui iront jouir à Anvers des avantages que cette place de commerce leur offrira ». — On craint également que Gênes ne devienne port libre et que Marseille n'éprouve ainsi de grandes pertes.

Tous les esprits sont agités, tous les intérêts éveillés, toutes les passions dans une sorte de fermentation; jamais une vigilance active ne fut plus nécessaire pour maintenir l'ordre et la tranquillité sans altération.

La plus grande inquiétude règne parmi les fabricants, surtout parmi les fileurs et les tisseurs de coton. Ils redoutent le traité de commerce qui suivra la paix avec l'Angleterre. Deux cent mille ouvriers sans occupation, douze cent mille capitalistes qui ont formé à grands frais d'immenses établissements et qui craignent de n'en plus pouvoir tirer parti, formeraient une masse de mécontents dangereux, s'ils venaient à perdre tout espoir.

Les négociants verront avec de vifs regrets la Belgique séparée de la France. Ce pays, par le produit de ses lins, faisait rentrer dans le royaume une portion importante du numéraire qui en sortait pour l'achat des cotons. On évalue à des sommes considérables le produit annuel des ventes de toile à Gand et la majeure partie était achetée pour le compte des Anglais.

4 *Mars* 1814. — On peut assurer, aujourd'hui, en toute certitude, que la déclaration que S. M. a daigné faire hier a satisfait tous les esprits, à l'exception d'un petit nombre de mauvaises têtes qui se qualifient de Royalistes purs et qui entendent aussi peu les véritables intérêts du souverain que les leurs.

Crainte de conflit entre la population parisienne et les Alliés.

Tout le monde est dans l'attente la plus vive et la plus impatiente du départ des troupes étrangères. C'est une chose fort heureuse et qui est due à la grande vigilance des chefs, qu'il n'y ait point eu, pendant ces trois jours, de rixes sérieuses entre les troupes françaises et les Alliés. Ce matin, lorsque les troupes russes ont paru sur les quais, pour se préparer au défilé qui devait avoir lieu devant S. M., il y a eu de toutes parts des clameurs contre les branches vertes qu'elles portaient à leur tête, en signe de victoire. Heureusement, il est venu un ordre de les ôter, ce qu'elles ont fait sur le champ, à la satisfaction générale. Le Préfet de police avait pressenti la nécessité de cette mesure et il avait été, ce matin, chez M. de Talleyrand, le prier d'en faire la demande à l'Empereur de Russie.

En général, la tournure des esprits est telle, qu'à présent on interprète à mal, avec une grande facilité, toutes les actions des souverains alliés qu'on avait accueillis, d'abord, d'une manière beaucoup plus favorable. Cependant, l'opinion publique fait toujours une grande différence en faveur de l'Empereur Alexandre; mais on ne peut parvenir à ôter de la tête de beaucoup de gens que la Prusse et l'Autriche demandent une contribution énorme. Il est vrai que tous les détails connus sur la conduite des généraux autrichiens, dans les pays qu'occupent leurs troupes, est fort propre à aigrir les esprits. Ils lèvent contributions sur contributions dans de misérables localités déjà ruinées de fond en comble.

L'observation attentive avec laquelle on suit ce qui se passe dans les groupes, donne lieu de connaître, qu'en général, l'esprit s'y améliore un peu. Hier soir, dans ceux où se trouvaient des militaires français, on parlait assez de Bonaparte et de ce qu'il avait fait dans la dernière campagne. Les militaires, en général, défendaient sa bravoure que quelques personnes voulaient attaquer, mais il n'y avait rien de fort animé de part et d'autre.

Fâcheux effet produit par la publication de pamphlets sur l'Empereur

En général, il importe d'éviter de publier, d'aucune manière, des choses injurieuses à l'égard de Bonaparte, car on a remarqué que, presque toujours, elles produisaient un effet contraire à celui qu'on en attendait. Par exemple, le Préfet de Police a été obligé, aujourd'hui, de faire retirer de beaucoup de boutiques des gravures représentant la figure de l'ex-Empereur composée avec des cadavres humains. Cette image avait déjà occasionné beaucoup de murmures de la part de quelques militaires. Hier, un bijoutier, rue Saint-Honoré, avait mis à sa fenêtre un tableau où il représentait Bonaparte sous la figure d'un tigre; la garde, même nationale, le trouva fort mauvais. On a sagement agi en faisant retirer ce tableau, avant le passage du cortège.

Reprise des travaux publics dans Paris.

C'est avec plaisir que la population constate la reprise de quelques travaux dans la cour du Louvre. On a rouvert aussi quelques ateliers de travaux publics à Paris et cela fait un fort bon effet. Il est à souhaiter que la ressource des finances, qui vient d'être ouverte à la ville de Paris, ait un bon résultat qui la mette à même de soutenir ces ateliers; car, après les soldats, la classe des ouvriers sans travail, à Paris, est certainement celle qu'il importe le plus de soigner.

Paroles prononcées par le duc de Berry pendant une revue.

5 *Mai* 1814. — On disait hier, dans le monde, que S. A. R. le duc de Berry s'étant rendu le matin au Bois de Boulogne, pour passer la revue des dragons de l'ancienne garde, entendit à son arrivée des cris de : « Vive l'Empereur! » Le prince dit alors aux dragons : « Bien, mes amis! Vous avez servi sous un grand capitaine; vous faites bien de crier : « Vive l'Empereur! » Quand vous aurez servi sous les Bourbons, vous crierez : « Vive le Roi! » — Les dragons, frappés de ces paroles, répondirent spontanément par des cris répétés de : « Vive le Roi! »

Amélioration de l'esprit public.

Aussi bien, il faut reconnaître que, dans toutes les classes de la société, l'esprit public s'améliore sensiblement. Les rassemblements d'ouvriers sans travail deviennent moins nombreux et les plaintes moins exaspérées. On est autorisé à espérer que, de jour en jour, les choses iront mieux par l'effet de quelques mesures déjà prises, comme le renvoi des ouvriers allemands et le refus d'admettre dans Paris ceux qui arrivent des provinces et, enfin, l'occupation donnée à beaucoup d'ouvriers dans les travaux publics. Mais, ce qui contribuera le plus au bien-être et, partant, à la tranquillité du peuple, c'est la renaissance de l'industrie et de l'agriculture. La paix amènera promptement cet heureux résultat.

La paix, voilà le baume le plus efficace qui puisse être versé sur les plaies de la France. On en parle à

Paris avec une impatience qui est la même dans les salons et dans les guinguettes. Partout, cependant, on craint qu'elle ne soit honteuse. Le peuple et les gens de la classe la plus relevée persistent à accuser l'Autriche d'être exagérée dans ses prétentions. Les fabricants se plaignent que nous sommes livrés à l'Angleterre et soupirent après un traité de commerce sur lequel, toutefois, ils ne comptent guère pour protéger l'industrie française contre le monopole britannique.

Les jou naux et au tres écri politiques.

Les journaux de Paris sont rédigés avec négligence et dénués de couleur. On dirait que les plumes des rédacteurs, émoussées naguère sous le despotisme, n'ont pas été taillées de nouveau depuis la régénération.

Les brochures politiques sont plus misérablement écrites que ne l'étaient, jusqu'ici, les romans nouveaux; on a peine à deviner quelle est la classe de la société qui peut lire de telles rapsodies.

Il est regrettable qu'il ne se trouve pas quelques bons écrivains qui s'imposent la tâche honorable et facile d'éclairer, d'échauffer les esprits dont la majorité est disposée, aujourd'hui, à recevoir les bonnes impressions.

Le Roi fait, chaque jour, de nouveaux progrès dans l'estime et l'affection de ses sujets. Le peuple sait déjà qu'il est juste, bon, éclairé, ferme et tout entier occupé du soin de réparer les maux de la France. On parle partout de la sensibilité avec laquelle il a reçu les témoignages de l'affection publique, dans la soirée du 17 mai; la fierté française est flattée de la résistance que S. M. a opposée aux propositions humiliantes que l'on croit avoir été faites par l'Autriche.

Réflexions sur les conditions de la paix.

27-28 *Mai* 1814. — On continue à s'occuper beaucoup de politique dans les lieux publics. Les conditions de la paix, telles qu'on les suppose, ne satisfont pas l'orgueil national. Les Alliés, dit-on, ont déclaré qu'ils voulaient la France grande et forte. Pour être telle, il lui fallait les limites naturelles qu'elle avait conquises et que l'imprudente ambition de Bonaparte avait voulu franchir. La France, rentrée dans sa circonscription de 1792, ou à peu près, n'est pas grande et forte, comparativement aux autres puissances prépondérantes de l'Europe qui reçoivent un agrandissement considérable. Les réflexions que l'ont fait, à cet égard, ne contiennent rien d'offensant pour le gouvernement. Le peuple paraît convaincu que, dans l'état où le Roi a trouvé la France, il était difficile d'être exigeant; mais les propos tenus ont un caractère d'aigreur à l'égard des puissances que l'on ne trouve pas si modérées qu'elles avaient annoncé la volonté de l'être.

L'esprit public.

Du reste, tout ce que j'entends dire me persuade qu'il y a plus d'esprit public, en France, que l'on n'en paraît généralement convaincu. Comprimé sous un gouvernement despotique, contenu ensuite par la présence d'un vainqueur, il n'attend que l'occasion pour faire explosion : on en aperçoit déjà quelques manifestations isolées. Je n'en veux pour preuve que les incidents suivants :

On donnait dernièrement une représentation d'*Hamlet*, au Théâtre Français; au moment où l'acteur dit : « L'Angleterre toujours fut féconde en crimes », les applaudissements partirent de tous les coins de la salle.

Il y avait, hier, nombre d'étrangers de marque dans l'une des maisons de jeu du Palais-Royal; on y regardait avec curiosité le maréchal Blücher et son fils; mais l'attention se portait particulièrement sur le jeune comte Orloff. « Il est bel homme, disait-on; ses airs sont ceux d'un grand seigneur... Oui, répondait-on, mais c'est un parent des assassins du malheureux Paul Ier... Tenez, ces Russes...! »

Il y a dans le caractère français un certain honneur chevaleresque qui perce encore à travers les couches dont le despotisme avait tâché de la recouvrir. Ainsi, l'opinion est généralement prononcée contre l'Empereur d'Autriche et sa coopération à la régénération de la France ne le sauve pas de la défaveur que la spoliation de son gendre et de sa fille attache à son nom.

Par contre, l'attachement à la Famille Royale prend de jour en jour de nouvelles forces parmi les Parisiens. On paraît se plaire à comparer l'affabilité, la bonté touchante de cette Maison avec la dureté repoussante, l'air farouche de Bonaparte. Ce rapprochement revient souvent dans les conversations.

La maladie de Monsieur continue à être l'objet de toutes les sollicitudes. Mgr le duc de Berry était attendu, avant-hier, à l'Opéra Comique et, S. A. R., n'ayant pas paru, on en a tiré la conséquence que Monsieur pourrait être plus mal : cette pensée a jeté de l'inquiétude dans les esprits.

Nouvelles de l'Ile d'Elbe.

31 *Mai* 1814. — On m'apprend de l'Ile d'Elbe que Bonaparte fait des plans de palais, de ports, d'établissements publics. Ces nouvelles sont parvenues par le père du général Bertrand, ci-devant grand maréchal du Palais, qui les a communiquées à quelques affidés du parti. On se berce, dans ce parti, du rêve que si l'Autriche a jamais la guerre avec la France, elle appellera Bonaparte pour commander ses armées. Cette guerre, avec l'Autriche, est placée, on ne sait comment, dans toutes les prévoyances. On l'annonce partout; hier, à la Comédie Française, à la représentation de la tragédie des

États de Blois, on a saisi avec enthousiasme cette allusion :

« ... et bientôt les Français,
« Au fils de Charles Quint demanderont raison,
« Et de François Ier vengeront la prison ».

La tragédie des *États de Blois* a eu, au reste, assez peu de succès. Elle décèle le même talent et les mêmes défauts que celle des *Templiers*. Le style en est assez pur. Le caractère du duc de Guise est bien tracé. On trouve dans cette pièce quelques tirades éloquentes, mais elle pèche par le défaut de plan et, par conséquent, d'intérêt. L'auteur (1) s'y est traîné à la suite de l'histoire, mais n'a point imprimé à son sujet le caractère dramatique et, au total, cette pièce est du nombre de celles que l'on lit avec plus de plaisir qu'on ne les voit représenter.

Il circule dans Paris un grand nombre d'officiers qui, dans les lieux publics, s'exaspèrent et tiennent de fort mauvais propos. Ceux du 58e régiment d'infanterie de ligne se plaignent de ce que le Roi ne leur ait rien dit, hier, lorsqu'ils lui ont été présentés. Le Roi dit naturellement si bien, qu'il n'est pas étonnant qu'on prenne son silence pour une disgrâce.

(1) L'auteur de cette tragédie est François Raynouard, qui naquit dans le Var en 1761.

Mort de l'Impératrice Joséphine.

La mort de Madame de Beauharnais a excité généralement des regrets. Cette femme était née avec de la douceur et quelque chose d'élégant et d'aimable dans les manières et dans l'esprit; elle n'était pas sans instruction et sans quelque goût des beaux arts. Malheureuse à l'excès, durant le règne de son mari, elle s'était réfugiée contre sa brutalité et ses dédains dans la culture de la botanique et avait été assez loin dans cette science aimable. Depuis sa retraite, elle avait fait de la Malmaison un séjour enchanteur et riche de trésors de plus d'un genre. Le public était instruit des combats qu'elle livrait pour arracher des victimes à Bonaparte et lui avait su gré d'avoir embrassé ses genoux pour sauver le duc d'Enghien; seule, au milieu de ces Corses fastueux, elle parlait la langue des Français et devinait leur cœur. La bonne compagnie lui donna des regrets; le peuple, qui ne veut pas permettre aux personnages un peu fameux de mourir de leur mort naturelle, veut qu'elle ait été empoisonnée. La vérité est que, mal disposée, mercredi dernier, lorsque l'Empereur de Russie l'honora de sa visite, elle fit des efforts pour accompagner ce Prince dans ses jardins et qu'elle y gagna un refroidissement dont elle a été, dit-on, si maltraitée, qu'elle a succombé après quatre jours de maladie.

Son fils, le prince Eugène, n'a point fait imprimer

de *billets de part*, mais il en a envoyé, à la main, de fort modestes où il a éludé la difficulté de donner des titres à sa mère. Il s'est retiré avec sa sœur dans la terre de Saint-Leu, qui appartient à cette dernière.

Départ de Paris des troupes alliées.

Rien n'est égal à la joie qu'on ressent à Paris du départ des troupes étrangères. Cette joie s'est manifestée, dans les faubourgs Saint-Antoine et Saint-Marceau, par des propos et des chants qui décèlent un patriotisme grossier mais ferme.

Dans l'un de ces quartiers, quelques malveillants ont essayé de mettre à profit le goût que montre le peuple pour l'air de « Vive Henri IV! », en y appropriant des mots à la louange de Bonaparte.

La rime n'est pas riche et le style encore moins; en voici un échantillon :

« Vive l'Empereur Napoléon,
« Vive ce grand monarque,
« Plus vaillant qu'Henri quatre
« Et sa descendation ».

Ce petit chef-d'œuvre a eu peu de succès. On est à la poursuite de l'auteur ou, plutôt, des chanteurs.

M. de Cambacérès et le Grand Orient.

M. de Cambacérès a éprouvé, avant-hier, un des plus fâcheux effets des vicissitudes humaines. Il a été, ainsi que Jérôme Bonaparte, dégradé de sa dignité à la loge du Grand Orient. Cette chute afflige profondément l'ex-Archichancelier, l'homme de l'Europe qui porte, au plus haut degré, le goût de la représentation et même des niaiseries qui lui ressemblent. Il circule, sur son compte, une caricature assez plaisante, sous le titre de : *Promenade au Palais-Royal;* il y est peint entre M. Daigrefeuille et M. de Château-Neuf et tous trois ne sont qu'en ventre. Cependant, on leur a donné des épées dont les bouts sortent si à propos des basques des habits qu'ils figurent une fourchette; heureuse allusion à l'instrument le plus cher à l'ex-prince et à sa société.

Le Grand Orient se propose de nommer grand-maître M. le duc d'Orléans. Il faut espérer que Son Altesse réfléchira que c'est par là qu'a commencé son père.

On a retenu quelques-uns des vers des « États de Blois » dont le succès indique assez bien l'état de l'opinion.

Bourbon (Henri IV) dit à Crillon :

« On me force à combattre, à vaincre des Français,
« Ma gloire désavoue un si triste succès.
« Quand pourrons-nous, Crillon, unir notre vaillance
« Pour maintenir l'honneur des armes de la France? »

Ce passage a été deux fois redemandé et couvert d'applaudissements. On n'a pas moins applaudi les vers suivants :

« Que font ces députés ? Tous trahissent la France,
« Ceux-ci par leurs discours, ceux-là par leur silence;
« Et moins dignes de haines encor que de mépris
« Ils proscrivent souvent, de peur d'être proscrits ».

Le public a distribué les rôles; il a vu Louis XVIII dans le bon Henri; Bonaparte dans Guise; les Jacobins dans les Ligueurs.

Publication de la paix.

3 *Juin* 1814. — La paix a été publiée avant-hier; la précipitation avec laquelle cette cérémonie a été ordonnée n'a pas, apparemment, permis de lui donner son ancienne solennité. Le cortège était mesquin, les escortes trop peu nombreuses et le préfet de la Seine, seul magistrat à cheval, y représentait assez mal. Mais le mot de *Paix* a produit tout son effet et le peuple l'a fort applaudi. Une seule voix a prononcé un nom qu'il faudrait à jamais oublier; cette voix est partie du faubourg Saint-Antoine.

Les militaires, seuls, témoignent un chagrin profond de la paix. Les hommes instruits croient que ce n'est encore là qu'une trêve; que si les Puissances eussent cédé au Roi le cours du Rhin, depuis Bâle jusqu'à la mer, la paix était garantie parce que toute conquête, au delà du Rhin, avait répugné, même sous Bonaparte. Mais cette ancienne ambition de Louis XIV d'avoir le Rhin pour limite, protégée par la nature, réalisée par la victoire, confirmée par vingt années de possession, est devenue l'instinct des Français et sera bientôt le vœu unanime des peuples cédés. Ces provinces, lorsqu'elles ne redouteront plus la conscription ni les excès des droits réunis, seront toutes à la France. On peut s'en rapporter au gouvernement qu'on leur prépare et à celui qu'elles ont déjà, pour nourrir cette disposition.

Désordres causés par le départ des troupes russes.

Le départ des troupes russes a été marqué par quelques désordres. On a été prévenu, dans la nuit, qu'elles se proposaient de mettre le feu aux casernes dont on avait, déjà, jeté les meubles par les fenêtres. On y a dirigé, de suite, une compagnie de pompiers et une force suffisante de gendarmerie, avec ordre de sabrer sur le champ ceux qui se livreraient à ces excès. Des agents de police ont pénétré dans les casernes pour vérifier d'où venait ce mouvement. Il n'était l'effet ni d'un complot, ni d'aucun ressentiment, mais de cet instinct des peuples slaves pour qui ce fut, de tout temps, un besoin de détruire ce qu'ils abandonnent. Au reste, on a préservé les casernes. Le mobilier seulement a été brûlé. C'est, avec des Russes, en être quitte à bon marché.

La situation de Paris s'améliore; les ateliers, longtemps fermés, s'ouvrent successivement et les ouvriers en bâtiments donnent moins d'inquiétude. En résumé, le bonapartisme s'affaiblit chaque jour dans l'esprit du peuple, mais on ne peut pas dissimuler qu'il règne, parmi les militaires, un mécontentement qui n'a point encore cédé. Il y a six mois, l'armée était tout et elle ne saurait se résoudre à n'être plus que quelque chose. Elle a été nourrie dans un tel degré d'insolence envers tout ce qui n'était pas Bonaparte, qu'on ne peut aujourd'hui en obtenir du respect pour rien. Aussi, des personnages élevés parmi les militaires disent, hautement, que l'armée ne peut rien espérer d'un gouvernement de *capucins*, désignant de la sorte MM. de Talleyrand, de Montesquiou et Louis.

Mécontentement parmi les militaires.

Les maréchaux se servent encore, dans la conversation, du mot de *pékin* pour désigner tout ce qui n'est pas militaire, sans exception, et, pour le moindre caporal, le chancelier de France n'est encore qu'un *pékin*.

Aux spectacles, dans les lieux publics et jusque dans les sociétés privées, les militaires promènent ce ton farouche et tranchant, ces détestables manières qu'il fallait subir autrefois et dont on est fort impatient aujourd'hui. Ils s'y répandent en moqueries, en jactance, en prétentions et y donnent leurs vœux pour des espérances.

Opinion du général Mathieu Dumas.

Un général de beaucoup d'esprit et d'expérience et qui connaît toute l'armée, le général Mathieu Dumas, prétend que le gouvernement fait fausse route avec elle; que, toute insolente, toute prétentieuse, toute mal élevée qu'on la suppose, elle a été, malgré ses défauts et malgré son extrême mécontentement de Bonaparte, depuis l'expédition de Russie, gouvernée, maîtrisée, sacrifiée avec une extrême facilité; que le fond de son caractère est l'obéissance passive et que le Roi en fera tout ce qu'il voudra avec de la fermeté; qu'il ne faut ni la caresser, ni la laisser dans l'incertitude, mais continuer de la maîtriser en tout et pour tout.

Barras. L'ancien directeur Barras est, depuis trois semaines, à Paris; il a rendu visite au prince de Bénévent, au maréchal Lefèvre, au général Beurnonville et au Ministre de la Guerre. Son intimité se compose du maréchal Lefèvre, de Tallien et de Chabaud, tous deux ex-conventionnels votants (1). Dans cette société intime on s'exalte, avant tout, contre Bonaparte; mais, ensuite, on se complait dans le doute sur la stabilité du gouvernement actuel et on caresse la pensée qu'il ne peut être remplacé que par la République.

Cette société n'est pas fort dangereuse, mais elle est des plus scandaleuses. Tous ces individus sont également décriés par des vices infâmes, par une profonde immoralité et par tous les délires du crime. Il est inouï qu'ils osent se montrer et se réunir à

(1) On appelait de ce nom les conventionnels qui avaient voté la mort de Louis XVI.

Paris, lorsque le roi de France y est rentré, et on ne conçoit pas le genre d'audace qui les conduit jusque chez des ministres.

Bruits d conspiration contr la famill Royale.

M. le duc de Maillé et M. le duc de Duras ont prévenu la police qu'il se tramait, contre la Famille Royale, une conjuration dangereuse qui leur était dénoncée par un M. de Saint-Val, ancien capitaine au régiment de Port-au-Prince. Cet ancien militaire a indiqué comme *conjurée* une demoiselle de Gamaches, qui n'aurait pris part à ce complot que pour le dévoiler. Cette demoiselle, mandée par la police, s'est présentée habillée en homme et portant toutes les livrées de la misère; elle a révélé qu'il ne s'agissait de rien moins que d'enlever le Roi et toute la Famille Royale, de les enfermer à Vincennes, de faire éprouver le même sort à l'Empereur de Russie, à l'Empereur d'Allemagne et au Roi de Suède; elle a ajouté que le cardinal Maury avait fourni deux millions pour cette expédition qui était dirigée par un lieutenant du 58e de ligne, cantonné à l'arsenal. Cette malheureuse a fini par demander la charité. C'est le quatrième complot, du même genre, dénoncé au château depuis huit jours. On ne cite cet exemple que pour mettre tout ce qui entoure le Roi en garde contre ces dénonciations créées par des intrigants fort blâmables, ou des malheureux fort à plaindre.

Considérations sur le Sénat.

4 *Juin* 1814. — Le Sénat, comme corps, s'est décrié lui-même par sa soumission stupide et ses adulations continuelles et toujours plus ridicules envers Bonaparte. Il est remarquable qu'en treize ans d'existence ce corps n'ait pas fait un geste ni prononcé une parole qui l'ait recommandé à l'opinion publique; et, ce qu'il y a de plus honteux dans la circonstance, c'est qu'il s'est placé tellement au-dessous de la haine qu'on le tient pour un *caput mortuum*. Personne ne hait le Sénat, parce que personne ne s'en soucie, parce que l'acte même qui a prononcé la déchéance ne lui est pas plus imputé qu'on n'impute de mouvement à un cadavre. On sent, généralement, qu'on s'est servi du mot Sénat, comme on s'en est servi pour tant d'autres choses. Les membres du Sénat, considérés isolément, sont, à quelques gens de qualité près et en fort petit nombre, des savants distingués, des militaires en retraite, de bons bourgeois que la Révolution a soulevés de leurs cabinets d'avocats, de leurs études de procureurs et même de leurs boutiques. Ils sont sans racines dans la société, sans entours et dénués de tout ce qui concilie la considération. Leur vie privée se ressent de leur origine; ils sacrifient tout à une économie sordide. Étonnés, eux-mêmes, de leur élévation, ils n'osent pas y croire et il n'y en a pas un que ne presse la crainte du lendemain. Loin qu'on ait à redouter

de leur part la moindre résistance, il est à désirer que le Roi les défende de leur propre servilité et leur restitue quelque courage. Il est, seulement, fort malheureux qu'on prenne de tels matériaux pour élever une chambre des Pairs et cela n'eût pas été possible dans le temps où l'arme du ridicule était aiguisée dans les mains des Français.

Le Corps Législatif.

Il n'en est pas précisément de même du Corps Législatif, car ce corps est composé d'éléments divers. Des cinq séries qui le composent, trois appartiennent à la classe des hommes de loi, des cousins de sénateurs ou de maréchaux, enfin des bourgeois en faveur, à l'époque où l'on a fait les nominations. Ce sont ceux-là qui, pour la plupart peu fortunés, tremblent de perdre leurs traitements et qui ont témoigné tant d'inquiétudes et de soucis, depuis quelques jours. Les pouvoirs de ces trois séries sont expirés et le Roi aurait pu les renouveler, sur le champ, s'il l'eût voulu.

Les deux autres séries se composent de magistrats, de propriétaires et même de plusieurs gentilshommes, généralement sages et amis de la Monarchie; c'est sur ces deux dernières séries qu'on peut compter pour fixer la majorité en faveur du gouvernement.

Le Corps Législatif a été le sujet d'une si constante inquiétude de la part de Bonaparte, qui lui a donné si peu de chose à faire, en mettant tant d'affectation à lui ôter, pour l'attribuer au Sénat, la connaissance de tout ce qu'il y avait d'important dans le gouvernement de l'État, que ce corps avait conservé, dans l'opinion, une place que sa dissolution, l'année dernière, avait singulièrement agrandie. Mais, il n'est pas, à beaucoup près, assez fort pour engager une lutte avec l'autorité royale. Il y a bien, dans ce corps, une douzaine de fous froids, qui croient à la souveraineté du peuple et qui restent fidèles aux autres rapsodies du Contrat Social; mais leurs voix se perdront au milieu de celles de la majorité.

Notes sur Bonaparte.

7 *Juin* 1814. — Bonaparte, dans un entretien qu'il a eu, lors de son passage, avec le Préfet du Var, lui a dit : « La trahison de Marmont ayant livré Paris et amené la révolution qui vient de s'opérer, il me restait encore la guerre civile. J'ai abdiqué, pour en épargner les maux à la France et à mes amis qui auraient tout perdu. J'avais encore de grandes ressources dans les armées de Paris et de Lyon. Sur ma route, les soldats ont crié « Vive l'Empereur! » et ils m'auraient délivré, si je leur eusse dit un mot. Ma garde a voulu me suivre, je m'y suis opposé. A Lyon, on a été obligé de prendre des précautions pour rendre sans effet les dispositions bienveillantes manifestées en ma faveur... »

Malgré les folles illusions qu'indique encore ce

discours, Bonaparte n'a pu dissimuler au Préfet que, depuis Orgon (1), la plus violente effervescence avait éclaté contre lui dans toute la Provence et qu'il y avait partout été injurié et menacé.

La princesse Borghèse.

Le séjour de Madame Borghèse dans le département du Var n'a produit aucun effet sur l'opinion; elle y était à peine remarquée. Le 19 mai, elle s'est rendue à Saint-Raphaël, sur une frégate napolitaine, pour aller prendre les eaux d'Ischia; elle a parlé de se rendre ensuite à l'Ile d'Elbe. Dans ce but, une frégate anglaise s'était rendue à Villefranche pour la prendre; le capitaine a paru très fâché de ne pas l'emmener. C'est le même officier qui avait été chargé de conduire Bonaparte à l'Ile d'Elbe. « Il tenait infiniment, disait-il, à l'honneur d'avoir conduit ce grand homme. » M. le général Kœhler, commissaire autrichien, a écrit à Madame Borghèse que l'Empereur, qui avait fait le voyage sur cette frégate, avait été extrêmement satisfait des attentions et des soins qu'il y avait trouvés et qu'il se louait beaucoup du capitaine.

Mariage du m[al] de Caulaincourt.

8 *Juin* 1814. — M. de Caulaincourt, a annoncé son mariage et son départ pour la campagne. Il a

(1) Orgon, chef-lieu de canton des Bouches-du-Rhône, où Napoléon faillit être massacré par la populace rassemblée, en cet endroit, pour fêter des généraux autrichiens.

épousé Madame de Canisi, épouse divorcée du Marquis de Canisi, ex-écuyer de Bonaparte. Madame de Canisi est *Canizy* de son nom; elle est fille du marquis de Canizy, colonel de cavalerie et de Mademoiselle de Loménie. Celle-ci avait, elle-même, divorcé pour contracter une sorte de mariage, qui ne s'explique que par le délire du temps, avec le coadjuteur de Sens, son cousin fort éloigné. Ce scandale ne la préserva pas de la faux révolutionnaire; elle laissa deux filles en bas âge qui furent élevées d'une manière assez équivoque par la comtesse de Brienne. C'est l'une de ces filles qui vient de s'unir à M. de Caulaincourt, qui en était depuis longtemps épris. L'un et l'autre avaient persévéramment imploré de Bonaparte, depuis cinq ans, la permission de contracter ce mariage; mais Bonaparte ne voulait pas entendre parler de divorce pour les autres. Il a tout employé pour détourner Caulaincourt d'une telle alliance. Il lui a proposé des partis très riches en France et très illustres en Allemagne, et même des Princesses. Caulaincourt a toujours refusé; mais, dès que Bonaparte a cessé d'être un obstacle à ses vues, il a épousé Madame de Canisi, femme, au reste, aussi agréable qu'on peut l'être quand on a perdu le goût et la pratique de la vertu!

Publication d'un libelle sur Napoléon.

Une lettre de M. le Prince de Bénévent m'avait informé, avant-hier, qu'on réimprimait un libelle ayant pour titre : *Histoire secrète du cabinet de Bonaparte,* publié à Londres par Louis Goldsmith, employé, il y a plusieurs années, aux Relations Extérieures et qui en avait été chassé pour cause d'infidélité.

Cet ouvrage, dont le Prince m'envoyait quelques feuilles, était regardé par lui comme propre à agiter les esprits et à irriter, par des calomnies, plusieurs maréchaux de France et plusieurs personnes distinguées du gouvernement actuel.

On ajoutait que chaque volume de cet ouvrage s'imprimait, la nuit même, chez les imprimeurs le Normand, Mame et Patris, pour le rendre inaccessible aux atteintes de la Police; il fallait donc agir de suite. En conséquence, j'ai ordonné, dans ces trois imprimeries, une perquisition qui n'a amené aucun résultat.

Un examen attentif, fait avec quelques personnes instruites en librairie et qui n'a pu avoir lieu que ce matin, pour ne pas éventer le secret, m'a convaincu que les feuilles qui ont été transmises à M. de Talleyrand, par un anonyme, au lieu d'avoir été imprimées à Paris, comme on le supposait, l'ont été à Londres même. C'est ce dont il n'est plus permis de douter, en rapprochant ces caractères vraiment anglais de nos caractères français.

Caricatures et pamphlets sur Napoléon.

10 *Juin* 1814. — J'ai donné, aujourd'hui, des ordres pour faire disparaître et enlever dans Paris plusieurs caricatures. On continue à poursuivre avec activité les libelles qui se multiplient et qui échappent à l'action de la Police, parce qu'on profite souvent de la nuit pour les faire imprimer. L'adresse et les ruses des imprimeurs sont poussées très loin à cet égard; ils transportent aussitôt dans les réduits les plus obscurs et souvent éloignés de chez eux les feuilles composées, pendant la nuit, et ils sont sûrs de leurs ouvriers auxquels une inviolable discrétion est commandée par la crainte de perdre leur place et de devenir l'objet des vengeances de leurs camarades. C'est là ce qui a retardé la découverte de l'ouvrage dont j'ai parlé plus haut.

Malgré les dénégations obstinées de l'imprimeur le Normand et l'inutilité des recherches faites chez lui, de nouveaux indices et le progrès des recherches tendraient à faire présumer que l'ouvrage est réellement sorti de ses presses, mais que, pour donner plus sûrement le change, il y aurait employé des caractères anglais.

Le sieur Patris, l'un des prévenus, s'est amèrement plaint à moi-même des recherches faites chez lui; je sais même qu'il doit essayer d'arriver jusqu'au trône. Cet individu est un révolutionnaire assez connu dans les anciennes sections de Paris; c'est une tête vive et ardente, également exaltée sous tous les gouvernements. Il sent, comme ses camarades, que s'il réussisait à faire prévaloir le principe que toute perquisition nocturne serait défendue, l'impunité serait assurée à la plupart des délits relatifs à la presse. Sans doute, des perquisitions de ce genre doivent être rares et entourées des précautions les plus propres à en atténuer les inconvénients; mais, si l'autorité ne pouvait pas y recourir, la licence des écrits serait sans bornes et la religion et la majesté royale seraient, chaque jour, indignement outragées par des écrivains mercenaires et par quelques libraires, leurs complices.

Situation calme à Paris.

11 *Juin* 1814. — La physionomie de Paris est calme, malgré les plaintes d'un certain nombre d'ouvriers, de tailleurs de pierres, surtout, qui se flattaient d'avoir du travail après le départ des troupes alliées. Il n'y en a, jusqu'ici, que soixante-dix qui soient employés au Louvre; la plupart des autres sont sans occupation. Ils parlaient hier, à la grève, d'une pétition à faire au Roi, sans que ce projet eût rien de menaçant. J'ai, parmi eux, des agents qui les en ont détourné en leur représentant que le Roi, obligé à acquitter tant de dépenses avec des revenus nécessairement diminués par les circonstances, ne pouvait, tout à coup, remédier à tous les maux,

mais que sa bonté paternelle s'en occupait sans cesse et que des démarches de cette nature ne pouvaient que nuire à ceux qui auraient l'imprudence de les hasarder.

Les faubourgs sont calmes, quoique la misère s'y fasse sentir.

Les soldats casernés à Paris.

Les casernes sont surveillées, mais elles ont besoin de l'être par les officiers eux-mêmes, les seuls qui puissent efficacement diriger l'esprit des soldats. La police civile a peu de prise sur eux, par suite du mépris auquel on les a accoutumés contre tout ce qui ne porte pas leur uniforme.

Le 58e régiment de ligne, placé à la caserne de la Courtille, forme à peine 500 hommes, dont les soldats, presque tous jeunes gens, manifestent un assez bon esprit; par contre, leurs officiers et sous-officiers, inquiets encore de leur sort, tiennent de mauvais propos et s'attachent plus lentement au nouvel ordre des choses.

La caserne de la rue de Clichy est occupée par des blessés, des convalescents et des prisonniers revenant d'Angleterre. Ils se récrient, en général, contre la qualité et la quantité des vivres qui leur sont donnés et prétendent être mal couchés.

Les soldats du 13e régiment de ligne, casernés à la Nouvelle-France, articulent à peu près les mêmes griefs.

Le Palais-Royal, les boutiques et les cafés sont beaucoup moins fréquentés depuis le départ des troupes étrangères. L'inconséquence des marchands de Paris est telle que, peu s'en faut qu'ils ne regrettent de n'avoir plus ces hôtes incommodes dont ils ont vu, il y a quelques jours, le départ avec tant de plaisir.

Les commerçants de Paris regrettent le départ des Alliés.

12 *Juin* 1814. — L'enthousiasme avec lequel le Roi a été reçu, hier, au Théâtre Feydeau, est un thermomètre de l'opinion bien plus sûr que les cris d'un parti qui, depuis tant d'années, proclame ses vaines pensées comme des oracles de sagesse. Si le silence des peuples est la leçon des souverains, il faut bien, aussi, que ces transports, ces larmes, cet attendrissement universel, parmi une immense réunion de ce que la capitale a de plus brillant, soient un témoignage de la satisfaction publique et de l'approbation donnée à la marche du gouvernement.

Le roi acclamé au Théâtre Feydeau.

Si j'avais voulu croire, hier, quelques hommes qui se proclament modestement les seuls échos de la France entière et qui, peut-être, auront essayé de faire arriver leurs exagérations à l'autorité suprême, tout aurait été en péril parce qu'un hommage solennel avait été rendu à la religion de l'État et que des préjugés anti-religieux auraient été froissés.

Hommage rendu à la religion pendant les processions de la Fête-Dieu.

L'immense majorité des Français est catholique et chérit le culte de ses pères; la résolution de lui rendre son heureuse influence a été montrée et ne peut que plaire au plus grand nombre. C'est dans les moyens d'exécution que la réserve et la prudence sont nécessaires; je les avais recommandées.

Ce n'est pas là le compte de quelques sophistes de salons où l'on n'encense que les théories du dix-huitième siècle et où l'on est résolu à blâmer amèrement tout ce qui les contrariera; ce ne sont pas, non plus, les goûts de certains philosophes des rues qui ont activement travaillé aux plus fameuses journées de la Révolution.

La Monarchie n'aurait que des fondements ruineux si elle n'avait pour base la religion et si l'on n'accoutumait le peuple aux pompes et aux cérémonies sacrées, dont on s'est tant étudié à lui faire perdre l'habitude et presque le souvenir.

Le calme qui a régné, aujourd'hui, dans Paris, et la solennité avec laquelle les diverses processions ont parcouru cette capitale, prouvent que le moment choisi, pour les rétablir, n'était pas aussi inopportun qu'on essaye de le persuader. Pas un désordre n'a eu lieu, pas une insulte, pas un scandale; pas un refus de tapisser les maisons, avec un soin et une élégance, qui peuvent même surprendre, en raison du peu de temps que l'on a eu pour s'y préparer.

La garde nationale escortait le clergé avec un recueillement qui est un motif de confiance en elle.

La gendarmerie avertissait le très petit nombre de ceux qui n'ôtaient pas leurs chapeaux; elle était aussitôt obéie.

Aucune voiture n'a tenté de circuler, excepté celles se rendant à la Cour. La plupart des boutiques, des ateliers, des maisons de traiteurs, des marchands de vins, des cafés même étaient fermés avec des planches aux fenêtres, de façon à n'indisposer ni à ne gêner personne.

D'après mes ordres, nul n'a été inquiété par un rigorisme qui, en effet, ne serait pas, dans le principe, sans quelques inconvénients; mais ce sont là des circonstances où il faut demander plus pour obtenir le convenable et le nécessaire. L'exemple, le temps et l'opinion des gens bien pensants feront successivement le reste. Le moyen de ne jamais atteindre le but eût été de n'oser pas même le montrer dans l'avenir.

Si quelques résistances de détails se présentaient, elles seraient peu à peu usées par des infirmations, par des conseils, plus que vaincus par aucune violence, ni aucune punition prématurée. En cas même que quelques interprétations fussent reconnues indispensables par l'expérience, j'en ferais l'objet de ma correspondance avec les autorités locales. Mais, l'épreuve que nous venons de faire, aujourd'hui, après tant de prédictions sinistres, contre les chances desquelles j'avais eu soin de prendre tous les genres de précautions, démontre qu'ici, — comme il arrive souvent, — beaucoup de personnes avaient cédé à des calculs plus pusillanimes que fondés; peut-être, avaient-elles donné leurs répugnances personnelles pour celles de Paris dont la tranquillité n'a pas été, un seul instant, altérée et ne court pas le moindre danger.

Les protestants eux-mêmes ont montré, dans cette occasion, un très bon esprit; ils ont, de leur propre mouvement, et d'après une décision de leur consistoire, fait tendre, avec une sorte de magnificence, le devant de leur temple, l'Oratoire.

Nouvelles de la Seine-Inférieure.

13 *Juin* 1814. — L'esprit des troupes est peu rassurant dans la Seine-Inférieure; le préfet s'en plaint depuis longtemps et il attribue les divisions qui se produisent, dans la population, à la présence des militaires. Selon lui, c'est à peu près inutilement qu'on change les troupes; elles sont remplacées par d'autres corps encore plus mal disposés.

Le 4ᵉ chasseurs à cheval et le 72ᵉ régiment d'infanterie sont à Rouen; ils y étaient déjà lorsque des détachements de la marine russe ont passé dans cette ville et ils se sont permis les plus violentes injures contre ces détachements. Le général Sacken a, lui-même, été mal accueilli au spectacle. L'air « Où peut-on être mieux qu'au sein de sa famille », joué à la demande du général, a été repoussé avec scandale. Néanmoins, l'air « Vive Henri IV ! », chanté après le spectacle, a été universellement applaudi.

Le général Sacken, qui s'était montré avec une grande affabilité aux habitants de Rouen et qui s'était promené dans le parterre, en leur adressant des paroles flatteuses, a même été salué, à la sortie du théâtre, par des témoignages d'estime et de respect.

16 *Juin* 1814. — Des scènes vraiment indécentes et criminelles ont eu lieu à Strasbourg. Le sieur Heitz, imprimeur-libraire, avait exposé le portrait de Bonaparte avec une notice sur sa déchéance et sur quelques-uns de ses crimes, tels que l'assassinat du duc d'Enghien.

Nouvelles de Strasbourg.

Un officier est entré dans son magasin, lui a enjoint de retirer la gravure, a visité tous ses tiroirs et a déchiré ce qui n'était pas de son goût, en lui faisant de violentes menaces. Sur ces entrefaites, l'adjoint est survenu ; il a demandé son nom à l'officier qui lui a répondu en lui demandant le sien. L'adjoint s'est alors nommé, mais l'officier s'est borné à lui répondre avec dérision : « Moi aussi, je suis officier de police militaire. »

Le lendemain, le spectacle a été fort orageux : on jouait : *Le Retour des lys;* quelques passages de la pièce ont déplu aux officiers; du bruit, on est passé à des menaces, on a crié « Vive l'Empereur! »; on est monté sur la scène dont les décors ont été brisés. Bref, le tumulte était à son comble; l'adjoint a fait tous ses efforts pour rétablir l'ordre, mais sans y réussir. Il en a été tellement affecté, qu'il est mort le soir même.

D'autres officiers, qui avaient été prisonniers chez l'ennemi, sont rentrés à Strasbourg avec des cocardes tricolores toutes neuves; ils s'expriment de la manière la plus violente sur la Restauration.

Je dois ajouter qu'aucun habitant n'a participé à ces excès, qui exigent la plus prompte répression de la part de l'autorité militaire.

Bulletin de l'Ile d'Elbe.

18 *Juin* 1814. — La frégate française « La Dryade », commandée par M. de Moncabrié, a mouillé, dans la rade de Marseille, venant de l'Ile d'Elbe, qu'elle avait quittée le 4.

Parmi les individus faisant partie de la garnison qu'elle avait à bord, se trouve le général Dalesme, ex-commandant supérieur de l'île. Il y avait passé un mois depuis le débarquement de Bonaparte et avait eu de fréquentes relations avec lui. Ce général a donné, sur la manière de vivre de Bonaparte et sur ses entretiens, des détails qui sont piquants par une certaine physionomie de vérité.

Bonaparte conserve la plus étonnante activité. Il court du matin au soir, à pied, à cheval, souvent en voiture; il parle du passé, s'occupe de l'avenir, sans exprimer ni des regrets bien vifs, ni des espérances illusoires. Il a visité l'île de Pianosa (1); il veut y former une colonie, y établir des métairies et les distribuer aux soldats de sa garde en leur faisant épouser des filles elboises. Il compte faire relever deux anciennes tours, destinées à mettre les habitants à l'abri des incursions des Barbaresques. Il a parcouru la forêt de Giove, où se trouvent les restes d'un temple de Jupiter qu'il songe à faire rebâtir.

Il est allé à bord du brick que le Roi a fait mettre à sa disposition; il l'a trouvé bien et a dit : « Il suffira et sera même assez commode pour aller prendre l'Impératrice ». C'est la seule fois qu'on l'ait entendu parler de cette princesse.

Un jour, à déjeûner, il fit tomber, avec son coude, la tabatière sur laquelle se trouve le portrait de son fils; il la ramassa et, comme le portrait était brisé, il le porta à ses lèvres en prononçant ces mots : « Ah! mon pauvre chou! »

Paroles de Bonaparte au sujet de la campagne de France.

Bonaparte prolonge son souper fort avant dans la nuit; il ne dort presque pas. Un soir qu'il dissertait sur ses batailles avec ceux qu'il avait admis à sa société, il s'écria : « Je ne puis croire que le général

(1) Petite île distante à environ un mille de l'Ile d'Elbe.

Gérard m'ait trahi; il faut qu'il ait été trompé lui-même. Mais quelle conséquence a eu son funeste avis? Il m'informe que 50,000 hommes de troupes ennemies se sont portées du côté de Bar-sur-Ornain et je me mets à la poursuite de cette prétendue colonne. Arrivé à Sens, je ne trouvai qu'une nuée de troupes légères que je dispersai et fis poursuivre jusqu'à Langres (1). Là, ne voyant pas d'infanterie, je reconnus le piège dans lequel j'étais tombé. J'ordonnai de suite à mon armée de se porter à marches forcées sur Paris; je repartis moi-même en toute hâte, avec quatre cavaliers de ma garde, pour me jeter dans la capitale. Les faubourgs étaient pour moi; j'aurais contenu les factieux en attendant l'arrivée de mon armée et, lorsqu'elle aurait été sur les derrières des coalisés, je leur aurais livré bataille entre Paris et Montmartre ». — A ce moment de sa conversation, Bonaparte se tourna vers le général Koehler, chef d'État Major autrichien et l'un des commissaires des puissances alliées, et il lui dit : « Voilà où je vous attendais! » — « Sire, répliqua le général, nous n'aurions accepté la bataille qu'en deçà de Montmartre ». — A quoi Bonaparte répondit : « Mes conscrits ne m'auraient pas fait défaut dans une occasion aussi décisive; vous auriez été anéantis et je vous poursuivais jusqu'au delà de la Vistule. Mais,

(1) Campagne de France, 28 mars 1814.

arrivé sur la route de Troyes, je sus qu'elle était coupée par des cosaques et je fus obligé de changer de direction. Un général m'apprit que les ennemis étaient entrés dans Paris et que des hommes qui me devaient tout avaient abandonné ma cause... Ce perfide Marmont, ce misérable que j'ai élevé depuis l'âge de 16 ans, se tourna contre moi! Sa trahison (1) renversa toutes mes combinaisons militaires dont le résultat infaillible eût été de rejeter les coalisés au delà du Rhin; cette campagne les aurait forcés à la paix. Je pouvais faire la guerre longtemps encore, peut-être même avec succès, en me jetant dans Orléans et faisant appel à mes vieux camarades. Mais le peuple s'était prononcé : j'ai voulu épargner à la France les horreurs de la guerre civile, j'ai abdiqué ».

« On m'a blâmé de ne m'être pas donné la mort. Il n'y a que des êtres sans force qui attentent à leurs jours! J'ai fait des charges à la tête de mes chevau-légers, c'est là que je devais mourir... la mort m'a épargné. Il faut que je supporte la vie et, certes, il y a plus de courage à survivre à la perte du premier trône de l'univers qu'à souffrir la mort..! »

On dit que la garde de Bonaparte se compose de

(1) Le 31 janvier 1817. Napoléon disait à Sainte-Hélène : « Tout le monde regarde Marmont comme un traître; mais il y a bien des gens plus coupables que lui! »

800 hommes, dont 150 lanciers; déjà, plusieurs de ses soldats regrettent la France.

Sa sœur, la princesse Pauline, est venue à l'Ile d'Elbe; elle n'y a passé qu'une nuit. Elle repartit le lendemain, dans une frégate napolitaine, pour l'île d'Ischia, près de Naples, où elle va prendre les eaux. Cette entrevue et la séparation ont paru affecter sensiblement Bonaparte.

Il a dit au général Dalesme, en le quittant : « Assurez, en France, à ceux qui vous parleront de moi, que je n'existe plus, qu'il n'y a plus ici que les restes d'un vieux soldat, mais que je formerai toujours des vœux pour le bonheur et la prospérité des Français ». — Il a ensuite proposé au général de rester avec lui, mais celui-ci a refusé.

Mécontentement des militaires.

19 *Juin* 1814. — Je ne crois pas devoir fatiguer le Roi d'une foule de propos plus ou moins graves qui me reviennent chaque jour sur l'attitude des militaires et qui sont sans résultat, comme sans but. C'est l'explosion d'un mécontentement vague et impuissant, le langage du désœuvrement et de la mauvaise humeur. Il est de bon ton, parmi eux, de blâmer tout ce qui s'éloigne des méthodes du Bonapartisme et de la Révolution. Les habitudes et les jouissances de leur vie ont été dans ce cercle; la plupart ne connaissent pas autre chose et se défient de toute ten-

dance qu'on leur montre comme reportant vers l'ancien régime.

Attacher trop d'importance à leurs critiques, souvent aussi vaines qu'absurdes, ce serait aigrir le mal plus que le guérir. Le principal remède me paraît être dans la prompte application de l'organisation définitive de l'armée, dans le payement régulier de la solde, surtout aux troupes qui sont à Paris et aux environs, et dans une juste sévérité qu'il appartient aux chefs d'étendre, depuis le soldat jusqu'aux officiers. Une fois que ces derniers craindront de perdre leur état, en se prononçant contre le gouvernement, ils se tairont et feront taire leurs subordonnés qui, souvent, ne sont que leur écho.

Qu'il me soit permis d'observer, à cet égard, que la police militaire, sans être, sous divers rapports, étrangère à celle qui m'est confiée, doit cependant être principalement exercée par les chefs militaires eux-mêmes; c'est à eux à répondre de leurs subordonnés et à les faire surveiller, selon les degrés de la hiérarchie. Les militaires ayant leurs règles, leurs lois, et jusqu'à leurs tribunaux avec des formes particulières, l'action de la police civile ne commence, pour ainsi dire, sur eux, que, lorsque cessant d'être isolés du reste de la société pour former un corps à part, ils viennent se mêler à la masse des habitants.

Cette distinction me semble nécessaire à établir pour qu'on n'essaye pas de jeter sur la police civile, seule, un genre de responsabilité qui doit au moins être partagé par l'autorité militaire. J'aurais, en effet, sans le continuel concours de cette autorité, trop peu de moyens de découvrir ce qui se machinerait dans les casernes ou dans les corps. C'est aux chefs à y maintenir, par les fréquentes visites des officiers, par des aveux adroitement obtenus de quelques soldats et par des influences même inaperçues, le respect dû au gouvernement, comme l'ordre et la plus exacte discipline.

Il serait utile, aussi, que des appels répétés, durant la journée, retinssent le plus possible les soldats dans leurs casernes, ou qu'on les occupât à des exercices. On les empêcherait, par là, d'aller se répandre dans les lieux publics et d'y mêler leurs plaintes à celles des basses classes et des ouvriers que cette association enhardirait.

Envoi d'un agent secret à l'Ile d'Elbe.

21 *Juin* 1814. — Je viens de faire partir un agent secret pour surveiller de près Bonaparte dans l'Ile d'Elbe. Cet agent a l'espoir de s'établir dans son propre palais, parce qu'il est frère d'un des principaux domestiques qui y sont déjà.

Je lui ai donné les instructions les plus propres à assurer le succès de sa mission et je le ferai suivre de quelques autres agents avec la même destination, mais dans des positions différentes, pour être sûr de savoir, par divers canaux, ce qui se passera dans l'île et, s'il est possible, dans l'intérieur même de Bonaparte.

Inquiétude des esprits à Paris.

24 *Juin* 1814. — Une sorte d'inquiétude agite les esprits depuis quelques jours. La nécessité des réformes n'est contestée par personne et chacun de ceux sur qui elles frappent s'en plaint avec amertume. Ceci est vrai pour l'ordre civil et surtout pour l'ordre militaire. Le refrain commun est que les choses ne peuvent pas aller comme elles vont. La lecture des gazettes anglaises a augmenté cette disposition des esprits; on y a vu des censures et des moqueries qui peuvent être indifférentes pour un peuple façonné, depuis 120 ans, à la liberté de la presse, mais qui sont dangereuses pour celui qui cherche cette liberté, depuis 25 ans, et qui ne l'a pas rencontrée.

Quelques étrangers de marque prennent, dans la société, le ton des feuilles anglaises. Les hommes de lettres et à prétentions se rangent du même bord, et on voit une opposition naître et se développer dans quelques salons de Paris. On y rend justice aux talents très élevés des ministres; mais, ensuite, on leur reproche de n'avoir pas une marche fixe vers un but clairement indiqué; de n'avoir pas dominé l'opinion par ces opérations d'une utilité majeure qui raffermissent le présent et préparent l'avenir; enfin, de trop se confier dans l'ascendant de la personne du Roi et de n'y avoir que fort peu ajouté.

Incident au Théâtre-Français.

Une scène assez vive a eu lieu, hier, au Théâtre Français où l'on donnait *Hamlet*. Il s'y trouve quelques vers injurieux pour les Anglais, entre autres celui-ci : « L'Angleterre en forfaits fut toujours très fertile ». Le parterre a applaudi avec violence. A ce moment, une voix partie des loges, a crié : « Vivent les Anglais! » et a été couverte de huées. Le tumulte a duré pendant dix minutes; on s'obstinait à vouloir faire sortir de la salle celui qui avait ainsi crié, mais on n'a pu le découvrir et la pièce a continué.

CHAPITRE II

1er *Juillet* 1814. — On m'a dénoncé une conspiration à la tête de laquelle se trouverait M. le Prince d'Eckmühl et où figureraient un M. Daubignore, ancien commissaire de police à Hambourg, et le général Christiani qui commandait dans cette ville. Le maréchal Davout

Des hommes respectables m'ont confié leurs alarmes. Il y a, autour du Roi, des hommes qui l'aiment réellement, et pour lui-même, et que le moindre bruit, si confus, si peu retentissant qu'il soit, met en mouvement, dès qu'il s'adresse à l'objet sacré de leur tendresse. Il faut les respecter, les écouter et ne pas toujours les croire. D'autres, non moins attachés au Roi, mais dont l'attachement est dirigé par l'habitude des hommes et des affaires, s'alarment moins facilement et y regardent de plus près. Mais, ceux-là même ne peuvent rien négliger de ce qui est relatif au Prince d'Eckmühl.

Nul homme, en France, n'a porté à Napoléon un

dévouement aussi aveugle, une obéissance aussi intrépide. Napoléon ne pouvait rien prescrire que Davout n'eût exécuté. Doué, à un degré assez remarquable, de cet esprit tracassier qui trouve des fautes partout et des torts à tout le monde, entêté dans ses opinions et opiniâtre dans ses entreprises, il a dû sa haute faveur auprès de Napoléon et même quelques succès militaires à ces deux traits saillants de son caractère. Il versait le sang et l'argent, en gros et en détail, avec la même indifférence que son maître; mais, par une singulière exception, ce même homme qui eût couru au Mogol pour en ravir les trésors, si Bonaparte l'eût ordonné, n'en eût pas gardé un sou pour lui; il est irréprochable sur l'article de l'argent. Cette rare incorruptibilité servait de sauvegarde aux vices de son caractère et, en se rendant plus redoutable, le rendait plus odieux. Sans doute, il est l'un des lieutenants de Bonaparte qui mérite davantage d'être surveillé; mais il y a, cependant, un point qui rassure, à son égard : c'est qu'il n'a pas un ami. Daubignoc est, peut-être, l'homme dont il pourrait, à la rigueur, obtenir quelques secours.

Cet individu, successivement jacobin outré, émigré, royaliste, bonapartiste, directeur des domaines à Hanovre et commissaire général à Hambourg, a l'esprit remuant et quelque dextérité. Mais il est timide et de cette sorte de caractère qui met toujours un homme à la merci de celui qui gouverne, quel qu'il soit. Il n'y a pas chez lui d'étoffe pour faire un agent de conspiration. D'ailleurs, il est déjà engagé dans des luttes de pamphlets avec M. Bourrienne.

On ne connaît pas encore les autres personnes indiquées, mais on cherche à éclairer leur conduite.

Bonaparte et sa famille.

Du reste, il faut reconnaître que, dans le moment actuel, ce qui mérite la plus grave attention, c'est la conduite de Bonaparte et de sa famille. Il ne faut pas s'attendre à ce qu'un seul d'eux se voue à une silencieuse retraite. Ils sont tous doués, plus ou moins, de mouvement dans la tête et de ressources dans l'esprit. Il ne manque ni autour d'eux, ni dans l'intérieur, de gens qui les pousseront à renouer leur épouvantable roman. C'est un incident fort dangereux pour la Maison de Bourbon que la conservation, sur le continent, de la famille Bonaparte, avec des titres, des dotations, des prétentions, enfin des instruments de dommages ; et il serait, bien désirable que l'on conduisît les puissances au point de reconnaître de quelle utilité il serait pour la paix publique, de mettre l'océan entre cette famille et l'Europe.

Danger que le séjour des Bonaparte en Europe fait courir à la Royauté.

Rapports de police.

5 *Juillet* 1814. — Des rapports, presque toujours exagérés et souvent faux, comme un grand nombre

de ceux qui pleuvent autour de tout centre de police, m'avaient signalé le sieur Latour, lieutenant de la vieille garde, logé, disait-on, à l'hôtel de Warwick, sous un nom supposé, et l'avaient fait partir, il y a huit jours, pour l'Ile d'Elbe avec des paquets de M. Daubignoré, dont j'ai parlé plus haut.

Je me suis assuré que, depuis près de trois mois, aucun lieutenant de la garde n'avait logé dans cet hôtel et qu'il n'en était parti aucun voyageur, depuis le même temps.

Selon les mêmes indications, un sieur Crotti, aide-de-camp du général Christiani, était parti en poste, pour l'Ile d'Elbe, le 1er Juillet. Ce dernier, qui logeait à l'hôtel de la Paix, rue du Colombier, s'est effectivement mis en route, il y a trois jours, mais pour Parme, son pays d'origine, et parce qu'il a cessé d'être au service de la France.

Difficulté de surprendre les correspondances qui peuvent exister entre Bonaparte et la France.

On voit que, si l'on veut en croire les agents de police, il n'y aura plus un voyage indifférent, ni d'Italie en France, ni de France en Italie. La surveillance la plus rigoureuse est, sans doute, nécessaire sur tout ce qui peut avoir des relations avec Bonaparte. Aussi, ai-je donné des instructions, dans ce sens, depuis Paris jusqu'à Lyon. Mais, on ne peut cependant pas faire fouiller tous les voyageurs. Les plus suspects n'auront à porter que des renseignements verbaux ou qu'ils mettront par écrit hors de

France. Car, l'expérience a cent fois démontré, même sous le despotisme inquisitorial de Bonaparte, que, lorsqu'on a intérêt à bien cacher une lettre, on la soustrait à toutes les recherches de l'autorité.

Il ne faut pas, non plus, ajouter facilement foi à ces courriers journaliers qu'on prétend se succéder sur tous les points, au profit de Bonaparte et de sa famille. La solennité même qu'on suppose à de tels envois en est le démenti.

Bonaparte et les siens sont trop adroits pour expédier ainsi des courriers aux agents dont ils ne manquent pas en France; c'est dans l'ombre et le mystère qu'on parviendra à surprendre des traces de ces correspondances.

D'autre part, quelques agents que j'ai soin de mêler aux personnes qui attendent l'expédition de leurs affaires dans les bureaux du Ministère de la Guerre, m'assurent que l'on y débitait, hier, que Bonaparte ne tarderait pas à être à Paris; que quelques personnes, même, tâchaient d'insinuer qu'il y était, peut-être, déjà caché! On a tenté de faire courir la même extravagance parmi le peuple, mais elle n'y a trouvé aucune foi.

Nouvell de Pari

7 *Juillet* 1814. — L'opinion semble, depuis trois ou quatre jours, prendre une physionomie plus

calme dans Paris. Les déclamations sont moins virulentes, les craintes d'une réaction moins vives.

La nomination, au nouveau conseil d'État, de plusieurs des anciens conseillers du dernier gouvernement est généralement regardée comme une garantie, par ceux même qui affichaient le plus de défiance.

Les mesures de rigueur annoncées, par le Ministre de la Guerre, contre les militaires qui se prononceraient en faveur de Bonaparte, en ont un peu imposé et ont, au moins, réprimé les scandales publics. Quelques exemples, qui montreraient que ce ne sont pas seulement des menaces, fortifieraient cette salutaire impression.

Motifs du mécontentement des troupes.

J'ai demandé à un officier supérieur accoutumé à observer l'esprit de ses camarades, dans Paris comme dans les camps, quel était, à ses yeux, le principal motif de leur exaspération et de leur humeur, après tout ce que le Roi a fait pour se les attacher. Son opinion, qui me paraît au moins digne d'être pesée, porte qu'il est inconvenant et même dangereux de charger des troupes de ligne ordinaires du service de Paris; elles ne sont point assez payées pour y être contentes, d'après le prix habituel des denrées. Le soldat ne peut s'y procurer les aliments nécessaires, avec tant de courses fatigantes qui lui sont commandées, pour les simples détails du service, dans une aussi immense capitale. De sorte que les privations qu'il y éprouve, à côté de toutes les jouissances du luxe, le tiennent dans une continuelle disposition à la plainte et aux clameurs. Il en eût été ainsi, sous Bonaparte, si ses guerres éternelles n'avaient fourni des ressources extraordinaires à ceux qui y échappaient en lui donnant ainsi le moyen d'accorder des gratifications et des hautes payes. Aussi, des considérations de cette nature ont-elles fait sentir, dans tous les temps, que la garnison de Paris ne pouvait être sûrement composée que de corps d'élite et privilégiés.

Cet officier pense que la manière dont ont été fournis les régiments actuellement à Paris a pu, aussi, contribuer à leur mauvais esprit et que des passe-droits ont été faits à plusieurs de leurs officiers pour donner des préférences à des hommes plus favorisés ou aux plus jeunes sur de plus expérimentés.

Il ajoute à ces raisons, plus ou moins fondées, qu'il arrive journellement, dans Paris, un assez grand nombre de militaires de la garde rentrant chez eux et congédiés avec retraite, congé absolu ou demi-solde. Ces soldats, habitués au service de Paris, qui leur offrait, auparavant, des avantages et y ayant, presque tous, des connaissances ou des parents, regrettent de ne plus y être employés. Ils s'en vengent en accusant le gouvernement auquel ils attribuent leur malaise.

Serait-il impossible de trouver une combinaison à l'aide de laquelle on rendrait ces hommes utiles dans quelque corps qui serait particulièrement destiné au service de la capitale et des environs? Ce n'est guère dans ce siècle que les affections d'une troupe peuvent être assez vives pour résister à l'attrait de l'intérêt personnel qui les rattacherait à la cause du Roi, en leur montrant une perspective satisfaisante.

Ce fanatisme militaire, si mal raisonné, s'usera, d'ailleurs, avec le temps, comme il arrive en France à tous les sentiments violents et déraisonnables. L'essentiel est d'en prévenir les explosions actuelles. C'est vers ce but que je marche, de concert avec l'autorité militaire, par tous les moyens de surveillance en mon pouvoir. Les moyens d'action, de répression et de force appartiennent aux chefs et aux officiers eux-mêmes.

Renvoi des officiers en garnison à Paris.

8 *Juillet* 1814. — Je me plais à constater que les ordres du jour produisent déjà leur effet et diminuent le nombre des officiers de tout grade dont Paris était inondé. Ils porteront, sans doute, leur humeur dans les départements, mais leur dispersion même les rendra beaucoup moins dangereux que

leur agglomération dans Paris. Le séjour de cette ville a toujours été dangereux pour les militaires, ainsi que je l'ai déjà dit : ils s'y échauffent plus facilement, au milieu des discussions de tout genre dont cette ville est le centre. Ils y consomment, en quelques mois, des ressources qui, ailleurs, auraient suffi aux dépenses de toute l'année et, quand ils n'ont plus rien, ils sont prêts à devenir les instruments du premier ambitieux ou du premier parti qui voudrait s'emparer de leur audace.

Lorsque nos officiers ne resteront plus ici qu'en nombre proportionné aux besoins de la garnison, il deviendra bien plus facile de les suivre de près, d'atteindre ceux qui donneraient le signal à leurs camarades et de leur en imposer par des renvois ou des destitutions justement appliqués.

L'armée dans le Jura.

Mais, si l'effervescence tend à se calmer à Paris, si la tranquillité renaît dans certains départements, il n'en est pas ainsi dans le Jura, d'après les nouvelles que me transmet le Préfet. A Dôle, particulièrement, l'esprit de la garnison est affligeant; les sous-officiers, surtout, montrent les plus mauvais sentiments, qu'on doit attribuer, en partie, à l'impunité qui a suivi beaucoup de scandales.

Les soldats s'arrêtent devant les portraits du Roi, en vomissant des imprécations. L'indulgence a ses bornes; aussi est-il urgent de prendre des mesures pour rétablir la discipline dans l'armée et punir les soldats séditieux.

Agitation dans la Loire.

11 *Juillet* 1814. — Il s'est passé, il y a peu de jours, à Saint-Étienne, un événement d'un genre spécial et, si je le signale à S. M., c'est qu'il ne s'était encore produit rien de semblable dans les départements, car ce ne sont plus des militaires, mais les habitants, qui ont manifesté des sentiments anti-français.

Voici le fait : le buste du Roi avait été déplacé, un instant, de l'hôtel de ville, pour être entouré des armes de France. Aussitôt, des malveillants saisirent cette occasion pour répandre que Bonaparte était de retour à Paris « à la tête de trente mille Turcs ». A cette nouvelle, les ouvriers s'assemblèrent; des feux d'artifice furent tirés en signe de réjouissance. Un ancien militaire fut arrêté au moment où il tirait des coups de fusil pour manifester sa joie. Mais, bientôt, des patrouilles de gendarmerie dissipèrent cet attroupement et firent rentrer les ouvriers dans les ateliers.

Je dois ajouter que, la nuit précédente, on avait affiché ces mots à la porte de l'église : « Maison à vendre. Prêtre à pendre. Louis XVIII pour trois jours! Napoléon pour toujours! » Une seconde affiche portait : « Vive l'Empereur et ses fidèles soldats! »

11 *Juillet* 1814. — ... Il m'était revenu, de divers côtés, que Madame la comtesse Bertrand avait emporté de Paris un certain nombre de lettres destinées à Bonaparte. On en a, sans doute, fort exagéré le nombre en le fixant à 250.

Départ de Mme Bertrand pour l'Ile d'Elbe.

J'ai chargé un officier de paix, sûr et intelligent, de se mettre sur les traces de Madame Bertrand, de visiter ses voitures, au point qu'il jugerait le plus convenable pour le succès de l'opération, et de s'emparer de toutes les lettres relatives à la situation politique de la France.

J'apprends, de Châteauroux, par la voie de mon agent, que Madame Bertrand, incommodée et enceinte, était encore, le 8 de ce mois, logée chez son beau-père et que son départ ne devait s'effectuer qu'aujourd'hui ou demain. On ajoute qu'elle n'aura qu'une voiture et, pour toute suite, un domestique avec une femme de chambre.

C'est à quelque distance de Châteauroux que la voiture sera fouillée avec soin; s'il s'y trouve des lettres ou papiers importants, ils me seront de suite apportés et le voyage de Madame Bertrand sera empêché. Du reste, les renseignements que je reçois sur cette famille ne lui sont pas défavorables.

M. Bertrand père est un ancien subdélégué, riche propriétaire, estimé dans son pays. Loin de se montrer disposé à faire de sa maison un centre d'intrigues ou de correspondances politiques, il passe, tout en regrettant peut-être Bonaparte, pour avoir improuvé la résolution de son fils de le suivre. Il s'était même rendu auprès du général Bertrand afin de l'en détourner; depuis, il est lui-même venu en députation auprès du Roi pour le complimenter.

Même sujet.

15 *Juillet* 1814. — Les ordres que j'avais expédiés, pour la saisie de Madame Bertrand, ont été exécutés, le 13, à Bourges, au moment même où la comtesse était déjà montée en voiture avec sa suite. Le baron Didelot, préfet du département, et son secrétaire général étaient présents à l'opération. La voiture a été fouillée; toutes les malles, coffres et boîtes ont été visités avec le soin le plus scrupuleux; on n'y a trouvé aucun papier.

C'est dans l'écritoire de Madame Bertrand et dans le portefeuille de son beau-frère, voyageant avec elle, qu'on a saisi les seules lettres dont ils se fussent chargés. Elles sont, non au nombre de 250, mais de 12. Il n'y en a qu'une seule pour Bonaparte; elle est d'un sieur Séni, médecin de la Société maternelle, qui lui demande à l'aller joindre à l'Ile d'Elbe. Cette lettre contient un certificat de M. Lucien Bonaparte, en date du 7 ventôse, sans indication d'année, mais, par conséquent très ancien.

Les onze autres lettres, toutes très insignifiantes, étrangères à la politique et émanant d'inconnus, sont pour les généraux Bertrand, Drouot et quelques personnages très secondaires de la suite de Bonaparte. Une seule, de la femme Ratteri à son mari, renferme quelques phrases vagues sur la foule des employés supprimés, sur les réductions d'appointements et sur le grand nombre de personnes qui regrettent de n'avoir pas accompagné Bonaparte.

Un poète italien, nommé Petroni, offre d'aller achever, à l'Ile d'Elbe, sa *Napoléonide* dont Marie-Louise a accepté la dédicace.

Madame Gros, femme d'un adjudant-commandant de ce nom, demande où et comment elle pourrait toucher une somme de cinquante mille francs, pour laquelle on lui a assuré que son mari avait été porté dans les distributions de Fontainebleau, après l'abdication.

Le reste de ces lettres ne mérite aucune attention. Si le Roi daignait jeter un coup d'œil sur les originaux, je m'empresserais de les lui soumettre, car je les ai tous en mains.

Madame Bertrand a paru surprise et affectée de cette saisie, qui était commandée par les circonstances et par l'assurance avec laquelle on avait débité, dans plusieurs maisons respectables, qu'elle emportait un nombre considérable de lettres.

Elle a montré d'autant plus de mécontentement que, selon elle, le Roi savait que son mari devait rentrer en France au mois d'Avril prochain.

Cette opération est une nouvelle preuve de la défiance avec laquelle il importe d'accueillir les renseignements de police, lors même qu'ils viennent de personnes, en apparence, les plus dignes de foi.

Rapport au Roi.

16 *Juillet* 1814. — Il résulte des bulletins journaliers soumis à V. M., que trois causes de troubles subsistent dans les départements :

1° Les droits réunis (1);
2° L'indiscipline de l'armée ;
3° L'inquiétude du clergé.

Les droits réunis.

Le Roi doit être fatigué de lire le détail de ces scènes qui se reproduisent sur chaque point de la France et dont les droits réunis sont la cause ou le prétexte. Ces scènes vont se multiplier depuis que le vœu de la suppression de ces droits est descendu de la tribune de la Chambre basse; car, en France,

(1) C'est le nom qu'on donna à certaines contributions indirectes, établies par Napoléon, formant une régie et comprenant les taxes sur les tabacs, les boissons, etc.

le peuple est habitué à prendre sa règle de conduite dans ce qui se dit dans les assemblées politiques, plutôt que dans ce qui sort du conseil du Roi. Voilà pourquoi Bonaparte ne permettait pas qu'on dît rien dans ces assemblées.

Je ne sais pas si, même avec une loi, on pourrait aujourd'hui percevoir ces droits. Mais, je doute encore que cette loi passe et je tiens pour affligeant que le Roi en prenne l'initiative.

On a dit, devant S. M., que c'était ici la guerre des cabaretiers contre le gouvernement et qu'il fallait savoir qui céderait à l'autre. C'est un art facile que de rapetisser ainsi une question en l'enveloppant sous une expression triviale et même, au besoin, ridicule. Mais, en descendant même à cette expression, j'admets que ce soit ici une querelle de cabaretiers. Il y a 260 à 280 mille cabarets disséminés sur tous les points de la France et chaque cabaret est un moyen de tumulte qui s'offre naturellement à la malveillance ou à la bonne foi égarée. Or, est-il prudent d'offrir un tel levier à la première, ou de laisser un tel piège ouvert devant la seconde?

Comment ne pas voir qu'on en est déjà arrivé, sur cet article, à ce point où la multiplicité des délits en procure l'impunité et où l'impunité attaque le corps social?

Je ne parle point des fortes espérances de suppression données par le Roi, ni des promesses positives de Monsieur et de Mgr le duc d'Angoulême, parce que de tels motifs rendraient superflus tous les autres.

On oppose le besoin des finances. Il est grand et il faut convenir qu'il s'agit ici de soixante millions de plus ou de moins. Aussi, je ne propose pas de renoncer, pour toujours, à lever un impôt à la consommation sur les vins, c'est-à-dire sur la denrée qui offre la matière imposable la plus large et la plus facile à saisir dans ses développements.

Mais, ne serait-il donc pas possible, à raison de l'urgence des circonstances, d'admettre, pour cette année, une sorte d'abonnement? Ce serait un parti transitoire. Peut-être, et quel que soit le choix de la somme de cet abonnement, serait-il, au fond, plus lourd que l'exercice même; mais, il faut composer avec les préventions populaires quand on n'est pas assez fort pour les dompter. Le Roi peut juger que cette prévention est déjà très animée, et comment débuter dans les voies de la Restauration en levant des impôts, les armes à la main?

Je me mets à genoux devant le Roi pour le prier de considérer que cet article est le seul qui s'oppose à la paix intérieure; car, pour tout le reste, les délits sont moins nombreux en cette année qu'ils ne l'ont été en 1813, 1812 et 1811; et, par une sorte de bénédiction attachée au retour du Roi, la capitale n'a pas été, depuis trois mois, souillée d'un meurtre ou d'un vol inquiétant!

L'armée.

Le second article, qui s'oppose à la paix intérieure, est l'indiscipline de l'armée. Il faut bien reconnaître, en présence du Roi, qu'on a fait peu de progrès sur ce point. Mais le mal tout entier n'est pas aussi grave qu'il le paraît. Bonaparte avait, dès longtemps, érigé l'indiscipline en système, dès que les armées avaient passé le Rhin. En dernier lieu, il avait bien fallu céder au même système et même l'exagérer, lorsqu'elles avaient combattu dans l'intérieur. Aussi, le Roi a trouvé une armée complètement indisciplinée, habituée surtout à mal dire de ses chefs et dont les brocards avaient, plus d'une fois, atteint Bonaparte en personne. Elle n'est donc pas autre aujourd'hui qu'elle était, il y a trois mois, il y a six mois, et, lorsque dans les plaines de Champagne, elle inspirait plus d'effroi aux habitants que les Cosaques et les Baskirs. Je dis plus, elle est moins mauvaise, mais sa conversion complète, sa régénération, ne sont pas l'œuvre d'un jour. On doit donc s'attendre encore à des scènes, à des propos, à des cris assurément fort coupables, mais qui partent isolés, tantôt d'un point, tantôt d'un autre, qui ne se rattachent à rien et qui sont comme des impromptus de corps de garde.

Lorsque de pareilles scènes ne sont pas le résultat

d'un plan, elles n'offrent que du scandale. Toutefois, il est très regrettable que la législation militaire n'offre aucun moyen de les réprimer, et il est temps d'établir des peines contre ces cris de « Vive l'Empereur ! », contre cette obstination à porter des signes proscrits ou à s'attaquer à ceux que les Français ont honoré longtemps et repris depuis peu.

Le Roi vient, au reste, de faire un grand essai, lorsqu'il a confié des troupes et des provinces à chacun des chefs de l'armée. Plusieurs personnes s'en sont effrayé de bonne foi. Le Roi a mieux jugé qu'elles. Il n'y a plus, aujourd'hui, de chef qui puisse se faire suivre, parce qu'il n'y a plus de soldats façonnés pour suivre. Le retour de l'armée à un meilleur ordre est l'un de ces succès qui appartiennent surtout au temps et qu'il ne faut pas lui envier. Il faut donc attendre et ne pas s'effrayer.

Attitude du clergé.

J'ai parlé de l'inquiétude du clergé : elle se manifeste, en effet, sur plusieurs points. L'envoi à Rome de M. l'Évêque de Saint-Malo, le choix des personnes attachées à son ambassade, font croire aux évêques qu'on négocie pour revenir sur le Concordat. Mais ces évêques ont, en général, peu d'influence; ils se sont perdus par leurs mandements, leur catéchisme et leur facilité à détourner, au profit de Bonaparte, les choses les plus sacrées jusque là. Il est à craindre que les pasteurs du second ordre ne se séparent violemment de la plupart de ces évêques et qu'il n'en résulte quelque agitation dans les départements. Il sera facile de les contenir, jusqu'à ce que la voix des deux puissances se soit fait entendre.

Tels sont les trois articles sur lesquels je devais fixer, un moment, l'attention de V. M. Je lui demande la permission de traiter à part ce qui tient à sa capitale; mais je remercie, dès aujourd'hui, V. M. de n'avoir pas laissé aller jusqu'à elle ces délations de conspirations fabuleuses, de soulèvements supposés, dont on essaye, tous les jours, d'effrayer les Tuileries. Non, Sire, vos sujets et aucune portion de vos sujets ne prononcent votre nom dans leurs plaintes et leurs murmures. Ce nom est entouré de tout l'a mour des premiers jours et, depuis la halle jusqu'au palais, il n'est personne qui ne tremble, lorsqu'on annonce seulement une indisposition de V. M. (1).

Marie-Louise en Suisse.

19 *Juillet* 1814. — Une lettre anonyme, écrite de Versoix, le 11 de ce mois, et qui m'est transmise par M. le Prince de Bénévent, donne les renseignements suivants sur l'ex-Impératrice :

(1) Ce rapport, qui fut certainement rédigé par le Comte Anglès, puisqu'il figure dans sa correspondance, porte la signature de Beugnot; il est vrai que ce dernier était alors directeur général de la police et qu'Anglès se trouvait immédiatement sous ses ordres.

On attendait à Genève l'archiduchesse Marie-Louise; les musiciens de la garde nationale genevoise ont voulu aller au devant d'elle et ont traversé dans un char, attelé de 9 chevaux, la petite ville de Versoix, située sur les bords du lac de Genève, déclarée par le traité de paix route militaire et libre.

La populace les a reçus au milieu d'une grêle d'injures et de pierres. Ils ont, cependant, traversé cette ville pour aller jusqu'à Nyons au-devant de l'archiduchesse. La princesse, après avoir dîné à Allaman, chez Joseph Bonaparte, s'était embarquée sur le lac pour venir près de Nyons, dans une autre propriété de Joseph. Durant son passage, tout a retenti autour d'elle des cris « Vive Napoléon! » et d'outrages contre l'auguste famille de France.

La même populace, qui poussait ces cris, insultait tous les voyageurs genevois, les battait et quelques-uns ont même été gravement blessés. Enfin, une embuscade avait été dressée contre les musiciens genevois, lors de leur retour; une partie de la route avait été creusée et couverte de branchages; leur char y est tombé et en a été relevé avec peine.

Marie-Louise est allée coucher à l'hôtel d'Angleterre, sur la route de Versoix, à un quart de lieue de Genève.

Au sujet de prétendus complots.

19 *Juillet* 1814. — Parmi les dénonciations qui m'arrivent chaque jour et dont j'épargne au Roi la fastidieuse énumération, j'en remarque une, pourtant, où l'on m'apprend que les officiers revenant de Russie et d'Autriche passent par Vienne; qu'ils reçoivent des distributions d'argent et qu'il en aurait été fait une aussi, à Paris, se montant à 500 mille francs, aux militaires et aux employés.

Un autre rapport annonce que M. Boucherot, banquier à Paris, a soldé pour un million de lettres de change à trois individus et que ceux-ci, après avoir reçu ce million, auraient dit : « Cela vient de l'île d'Elbe, il n'y a que notre souverain qui puisse faire de pareils versements ».

Une troisième dénonciation parle d'un rassemblement qui a eu lieu, hier, rue du Colombier et qui aurait été composé d'étrangers et d'officiers réformés; on y aurait proclamé comme certain le retour de Bonaparte, avant deux mois. Je sais maintenant que le fait de cette réunion est reconnu comme matériellement faux.

Qui ne serait tenté de croire, en recevant des rapports aussi positifs, qu'il existe des complots réels et que ces détails s'y rattachent?

Cependant, lorsque j'appelle la plupart de ceux qui font ces rapports et que je les interpelle sur le lieu, le temps, les circonstances, les sources où ils puisent la matière de leurs récits, tout disparaît; ce sont des soupçons ou des avis anonymes qui leur sont parvenus; enfin, ils ne peuvent rien préciser, citer personne, fournir aucun indice. Souvent, des espions ont tout conté à d'autres espions et ils se répètent ainsi les uns les autres. Quelquefois, ils se trompent entre eux, parce qu'ils ne se connaissent pas; d'autres fois, ils se concertent pour paraître avoir fait des découvertes, obtenir ainsi des récompenses pécuniaires qu'ils se partagent et tromper l'autorité qui ne se rait pas en garde contre un tel manège.

L'inquiétude et l'alarme ne s'en répandent pas moins parmi des hommes, les uns, de bonne foi et adoptant facilement ce qu'ils redoutent, les autres, malveillants et perfides, espérant que ce tumulte continuel de fausses conspirations encouragera à en ourdir une véritable contre le gouvernement qu'ils détestent.

J'ose supplier le Roi de croire qu'aucun avis, même invraisemblable, n'est dédaigné, que tout se scrute et se vérifie autour de moi avec un soin religieux et que, s'il n'y a pas de découvertes importantes, c'est que le mal est dans l'opinion qu'on égare à dessein, mais non dans des actions ou dans des projets qui aient quelques chances d'exécution.

Plus je fais observer de près le peuple de Paris, plus j'acquiers la conviction qu'il n'y a, quant à présent du moins, rien à en craindre et qu'il est étranger aux insinuations et aux manœuvres d'un parti.

Les votants.

La masse des Parisiens, pas même celle des militaires, n'est nullement disposée à s'échauffer en faveur de cette faction des votants qui, pour tâcher de se rassurer, cherche à faire peur et qui, poursuivie par l'indignation publique, n'aperçoit d'asile que dans les ministères dont elle voudrait s'emparer et à la chambre des Pairs qu'elle prétendrait convertir en arsenal pour elle.

Visite du duc de Berry dans les casernes.

L'esprit des classes inférieures éprouve une amélioration, depuis plusieurs jours. Il y a même un peu plus de calme dans les casernes. La visite qu'y a faite, ce matin, Monseigneur le duc de Berry, après la revue du Bois de Boulogne, a produit les plus heureux effets. Il eût été impossible de s'y montrer plus affable et plus populaire; partout, autour de lui, ont retenti les cris de : « Vive le Duc de Berry! » Jamais, peut-être, ces cris n'avaient été aussi nombreux parmi les troupes.

Mais, si les militaires casernés se conduisent mieux, il n'en est pas de même de ceux qui sont répandus dans Paris, avec ou sans permission. Ceux-ci continuent leurs mauvais propos contre le Roi et la Famille Royale.

On m'avait signalé les environs de l'Hôtel des Invalides comme un centre de réunion pour beaucoup de militaires et de bourgeois tenant les propos les plus violents contre le gouvernement. J'ai fait éclairer avec soin cette partie. Il y a, effectivement beaucoup de militaires qui vont boire dans les cabarets du voisinage; il s'y mêle, aussi, quelques bourgeois, mais tous s'y conduisent paisiblement.

On remarque seulement un certain nombre de jeunes invalides toujours fortement prononcés pour Bonaparte. Déjà, plusieurs ont été réprimandés par leurs chefs, sans qu'ils se soient encore corrigés. Aussi, observe-t-on avec soin ces rassemblements.

Au demeurant, il résulte de toutes les données que je recueille que l'amélioration de l'esprit public dans Paris, même parmi les militaires, est incontestable. Les soldats, eux-mêmes, voient qu'on s'occupe d'eux et en sont flattés; Monseigneur le duc de Berry leur devient fort agréable par la noble popularité qu'il porte au milieu d'eux.

On n'aperçoit nulle part le moindre symptôme d'agitation populaire. Les ouvriers auxquels on fournit du travail commencent à ne pas s'occuper d'autre chose et à abandonner la politique. Les faubourgs n'ont jamais été plus calmes ni plus éloignés de toute idée de mouvement.

Quatre cents congés de réforme ont été délivrés, hier, au 6e régiment de tirailleurs de la jeune garde et soixante-dix congés ont été également donnés aux vétérans du 1er bataillon de la garnison de Paris, les uns pour les invalides, les autres pour retourner dans leur pays. Les grenadiers royaux se plaignent de ce qu'on les envoie en garnison dans une place forte; ils prétendent, qu'en raison de leurs services, on aurait dû les conserver à Paris et ils se disent plus affectés du peu de confiance qu'on leur montre par cet éloignement que de la diminution de leur solde.

22 *Juillet* 1814. — On parle d'un rapprochement entre Bonaparte et Murat : on dit qu'il se serait fait par l'intermédiaire de la princesse Borghèse et que cette dernière serait de retour à l'Ile d'Elbe, depuis le 7 de ce mois. On ajoute qu'à la même époque, on préparait un appartement pour Marie-Louise à Porto-Ferrajo.

Bruit d'u rapproch ment en Bonapart Murat.

Il est question, aussi, d'un voyage de l'Empereur d'Autriche à Milan, vers le milieu du mois d'Août; c'est à la même époque que le grand-duc Ferdinand doit se rendre dans ses États de Toscane. On prétend que ce dernier donnerait, en ce moment, des marques d'un vif attachement à Bonaparte et on va même jusqu'à insinuer que Marie-Louise proteste contre l'abdication de son fils.

Tous ces bruits, la plupart faux ou, au moins, fort exagérés, n'en fournissent pas moins des conjectures et des espérances aux Bonapartistes.

La duchesse de Montebello.

La duchesse de Montebello devait se mettre en route, demain ou après-demain, pour Aix. Son voyage paraît retardé. Une personne de sa maison, à portée d'être bien renseignée, attribue ce délai à ce qu'elle attend des lettres positives de Marie-Louise.

Madame de Montebello a, sans doute, le projet d'être longtemps absente, car elle vient de louer son hôtel à l'ambassadeur d'Angleterre, Lord Wellington, et elle fait vendre tous ses chevaux. Elle a établi deux de ses fils dans une petite maison, rue d'Enfer, et l'aîné à sa terre de Maisons.

23 *Juillet* 1814. — Je reçois de Langres un de ces rapports de police qui, au premier coup d'œil, offrent quelque chose d'effrayant et qui, analysés avec l'habitude de la critique de cette partie, finissent par ne présenter que ce qu'il y a de plus vague et de plus incompréhensible. Voici, en résumé, ce dont il s'agit :

Un voiturier, dont on ne sait ni le nom ni la demeure et qui arrive de Belfort, aurait déclaré, dans une auberge de Lure, qu'il n'y avait que Bonaparte qui pût gouverner en France et qu'il était bien certain qu'il ne tarderait pas à revenir. Il ajoutait que deux émissaires de confiance auraient été envoyés à l'Île d'Elbe pour porter à Napoléon les vœux du pays et d'une partie de la France et l'engager à revenir en lui affirmant que, le jour où il aurait remis le pied sur notre territoire, pourvu qu'il pût former un noyau de dix mille hommes, il aurait bientôt cinq cent mille soldats sous ses ordres. Cet homme désignait la ville de Gênes comme le lieu où les deux émissaires avaient dû s'embarquer.

Je demande pardon au Roi d'insister sur une fable aussi maladroitement conçue; mais, lorsque j'en soumets une pareille à S. M. je lui donne le secret de mille autres semblables qu'on colporte de toutes parts et que trop de gens accueillent avec la plus aveugle crédulité.

Nouvelle de Nancy.

24 *Juillet* 1814. — Un délégué de la police, à Nancy, me mande que, dans cette région, on trouve presque partout l'opinion montée à un mauvais ton, sans qu'elle paraisse travaillée par une influence étrangère. C'est elle-même qui s'agite et se tourmente, parmi les gens du peuple et les militaires.

Dans ces deux classes, personne n'accuse Bonaparte; on le plaint comme un homme trahi qui se serait tiré de tous ses embarras s'il n'avait pas été trompé. Il semble que ses fautes et ses revers n'aient servi qu'à adoucir les jugements du public à son égard; ses folies, ses fureurs et le côté ridicule de sa conduite n'ont que faiblement altéré la confiance aveugle que le peuple et les soldats avaient dans son savoir-faire.

On ne conspire pas précisément pour lui, mais cet engouement stupide est une sorte de conspiration dont il faut se méfier, parce qu'il peut songer à en profiter. L'opinion se refroidit de jour en jour; où ne s'attache point assez à faire comprendre que le mal qui existe n'a point sa racine dans l'état de choses actuel et que cet état de choses n'est qu'un legs du gouvernement précédent.

Les militaires qui reviennent des pays étrangers sont dans un état d'irritation qu'on ne saurait trop chercher à adoucir. C'est la manière dont le changement s'est fait qui les rend furieux. Ils regardent la révolution comme l'ouvrage des étrangers qu'ils détestent le plus et ne peuvent supporter cette pensée. Il faudrait habilement manier leur passion, flatter leur manière de voir, entrer dans l'esprit de leur orgueil militaire et national et alors il serait facile de les gagner à la cause du Roi et de leur faire oublier celle de Bonaparte.

Le bruit court que le maréchal Kellermann fait des maladresses à Strasbourg, qu'il parle aux troupes d'une manière ridicule et que, par sa faute, il nuit beaucoup aux intérêts du Roi, puisqu'il irrite au lieu de calmer.

On fait aussi circuler des nouvelles absurdes,

comme pour essayer la disposition des esprits : « Bonaparte serait à trente lieues de Paris avec une armée. Le Roi n'est plus à Paris et a l'intention de retourner en Angleterre... »

Les étrangers, qui circulent dans la Meurthe, ne sont pas surveillés et il doit se glisser parmi eux des émissaires et des agents d'intrigue.

Le préfet de Nancy est très inquiet de la situation présente des choses. D'après lui, il n'y a que la police qui puisse venir au secours de l'administration. Peut-être voit-il un peu trop de fantômes et est-il de ceux qui, en voulant sincèrement le bien, se trompent sur les moyens de l'obtenir.

Marie-Louise à Aix.

Un de mes agents, envoyé par mes ordres à Aix où se trouve l'archiduchesse Marie-Louise, me dit que deux officiers autrichiens, venant du Piémont, sont arrivés dans cette ville et sont promptement repartis pour Genève. Un commissaire ordonnateur autrichien est également arrivé et, après avoir été chez Marie-Louise, s'est remis de suite en route.

Les gens de service de l'Archiduchesse parlent de son projet d'aller voir son mari à l'Ile d'Elbe. Ceux qui l'approchent de près, croient qu'elle se rendra à Parme ou même à Vienne.

La princesse parle fort peu. On ne cesse de vanter

autour d'elle son fils et de lui attribuer un esprit précoce. Les officiers autrichiens ont, eux-mêmes, adopté ce ton. Leur général assure ce fait que, l'enfant se trouvant à une revue auprès de son grand-père, y aurait vanté les cavaliers français, aux dépens des Autrichiens.

Bonaparte forme sa cour dans l'Ile d'Elbe. Il s'est donné quatre chambellans et quatre pages. Il a fait frapper des pièces de cinq francs avec cette légende : « *Napoleone imperatore e re, ubique felix* » et, sur le revers, ces mots : « *Isola di Elba* » (1).

L'Ile d'Elbe. 31 *Juillet* 1814. — Il est entré dans le port de Marseille un bâtiment venant de l'Ile d'Elbe. Le capitaine avait souvent vu Bonaparte à Porto-Ferrajo. Il paraît se bien porter ; tous les jours, il monte à cheval et parcourt une partie de l'île pour visiter les travaux qu'il y fait exécuter, tels que : un lazaret, une place d'armes, des promenades, un château, une salle de spectacle et un port. Il a fait transporter à l'île de la Pianosa deux cents familles qui doivent cultiver cette dépendance de l'Ile d'Elbe ; il y fait aussi construire deux petits forts et y a envoyé dix-huit pièces de canon. Plusieurs de ses soldats sont établis dans cette nouvelle colonie avec des filles du

(1) Cette inscription, assez bizarre, est conforme au texte du manuscrit.

pays. On leur a donné des concessions de territoire.

Les troupes de Bonaparte se composent de douze à quinze cents hommes, tant infanterie que cavalerie, Français ou Polonais, de son ancienne garde. Il les passe souvent en revue et fait, la nuit, des rondes à des heures différentes. Il est ordinairement vêtu d'un uniforme vert avec des épaulettes de colonel et porte la grande décoration de la Légion d'honneur.

Sa marine se compose d'un brick de vingt canons, d'une goëlette et de deux petits chebecs. Il a requis 25 hommes par commune pour armer cette flottille. Les bâtiments anglais, qui abordent dans l'île, saluent chaque fois qu'ils entrent et qu'ils sortent.

Le capitaine, de qui je tiens tous ces détails, a ajouté qu'il avait changé ses expéditions de Gênes pour des expéditions de l'Ile d'Elbe, parce que les Barbaresques avaient promis de respecter le pavillon de Napoléon.

Un autre rapport m'apprend que l'on parle de lettres qui seraient arrivées de Livourne à la maison Pérégaux et qui démontreraient que Bonaparte y serait venu passer trois jours. Un pareil séjour, dans une ville où il était particulièrement détesté, à cause de l'extrême misère où il l'avait réduite, faute de tout commerce, est peu vraisemblable.

Il paraît, cependant, incontestable que Bonaparte a touché la terre ferme d'Italie, soit à Livourne, soit plutôt à Piombino, petite ville dont l'Ile d'Elbe n'est séparée que par un étroit canal où ne peuvent se tenir les croisières anglaises, dès que le vent est trop fort.

Il est aussi question, dans le peuple, de fermentation en Italie, de mouvements à Milan même et d'un camp de trente à quarante mille hommes que l'Autriche aurait réuni auprès de cette ville, sous prétexte de contenir, au besoin, les mécontents qui se prononceraient en faveur de Bonaparte.

Il est indispensable d'avoir l'œil ouvert sur l'Italie, parce que c'est là que Napoléon cherchera, sans doute, d'abord, à nouer ses intrigues, dans l'espoir de les étendre ensuite jusqu'à la France et d'y encourager ses partisans par une première levée de boucliers qu'il ferait au nom de l'indépendance italienne.

On prétend que, de Livourne, il aurait écrit à sa mère, qu'on dit à Rome, pour l'engager à venir le joindre. Il faudrait, pour cela, qu'il eût quelque vue secrète, parce que, au temps de sa puissance, il ne l'accoutumait pas à une grande tendresse de sa part et il aimait, même, à la tenir éloignée de lui.

Enfin, il n'est bruit que d'un rapprochement entre Bonaparte et Murat. Ce ne pourrait être qu'un moyen de plus d'agiter l'Italie à leur profit commun.

2 *Août* 1814. — Le 26 juillet, est arrivé à Aix un officier du grand état-major autrichien. Il venait de Vienne et avait passé par Milan. Il apportait de volumineuses dépêches pour Marie-Louise et un paquet pour le Feld-Maréchal (1).

Marie-Louise à Aix.

L'Archiduchesse, qui était à la promenade, ne rentra que le soir; le Feld-Maréchal, qui l'accompagnait, à peine descendu de cheval, s'enferma assez longtemps avec l'envoyé et se rendit ensuite chez la princesse.

On ne peut s'empêcher de se demander pourquoi, pour cette correspondance, on ne se sert pas de simples courriers, mais toujours d'officiers supérieurs autrichiens. Tout ce qui se passe à Vienne mérite la plus sérieuse attention. D'après ce que j'entrevois, Vienne sera le point d'où peut jaillir l'étincelle qui menace encore d'embraser l'Europe.

Je commence à croire que le voyage de Marie-Louise n'a pas précisément pour objet l'exécution d'un plan fixe, arrêté par de hautes puissances, mais je pense fermement que le but politique de cette tournée a été de sonder l'opinion, de connaître ce qui se passe en France et d'exciter un vif intérêt par le contraste frappant de Marie-Louise humble, affable, aux eaux d'Aix et de l'Impératrice, naguère assise

(1) Il s'agit de Neyperg.

sur le plus beau trône de l'univers! S'il faut attribuer son voyage à ce dangereux calcul, on a atteint le but.

L'Archiduchesse doit s'ennuyer prodigieusement dans ce triste village; elle n'y jette aucun éclat, sa suite est d'une modestie qu'on peut dire affectée; si elle dépense, c'est en courriers, en estafettes et envoyés.

Vainement, on cherche à pénétrer le mystère qui l'entoure, par quelque indiscrétion échappée à ceux qui approchent la princesse; on y est sur ses gardes. Dans la classe secondaire de son entourage, on croit au retour plus ou moins prochain de Bonaparte, tout en ignorant, cependant, sur quelles données se fonde cette opinion qui, des valets a passé chez les marchands et débitants d'Aix.

État inquiétant des esprits en Lorraine.

5 *Août* 1814. — J'ai déjà eu l'honneur de faire savoir à S. M. combien l'état général du département de la Meurthe était loin d'être bon, sans être cependant inquiétant. La cause du Roi n'y gagne pas ce qu'elle devrait gagner et celle de Bonaparte ne perd pas ce qu'elle devrait perdre. Le peuple est froid, égoïste, raisonneur, un peu enclin aux écarts de l'esprit révolutionnaire. L'autorité souveraine est comme dépouillée, à ses yeux, des illusions et du respect qui la mettaient autrefois à l'abri de toute

irrévérence et de toute discussion. La populace exige que l'on compose avec elle et qu'on lui demande, en quelque sorte, la permission de la gouverner.

Aussi, dans ces conditions, est-on menacé, pour les moindres objets, d'émeutes séditieuses. Jusqu'à présent, ce sont les droits réunis qui en ont été le prétexte ou l'occasion, mais il faut en chercher la véritable cause dans l'oubli des anciennes règles d'obéissance, dans l'émancipation presque générale des esprits et dans le dérèglement actuel de toutes les idées.

Si ces nuances n'ont pas été aussi bien aperçues sous le régime de Bonaparte, elles n'étaient pas effacées pour cela; aussi, le naturel du peuple a-t-il reparu, aussitôt qu'il n'a plus été soumis à la même force de répression.

Des attroupements se sont portés chez le préfet, en criant : « A bas les droits réunis! A bas les prêtres! » — Ce mouvement n'ayant été réprimé que par une espèce de capitulation et de nouvelles promesses qu'on ne pouvait pas tenir, on devait s'attendre à voir le mal se reproduire; c'est ce qui arrive, en ce moment, de tous côtés. Un employé des droits réunis a eu la tête cassée, à coups de pierres, dans une émeute qui n'a pu être apaisée que par la présence du préfet. Les contribuables ayant, dans ce département, la faculté d'opter entre un exercice et un abonnement, leur aversion pour le mode de perception n'est pas la véritable cause de leur résistance et de leurs cris : cela tient bien plus à l'esprit d'anarchie du moment qui est soutenu par la malveillance, par l'humeur des militaires sur laquelle on s'appuie et, surtout, par l'idée qu'on se fait de la faiblesse de l'administration.

Du reste, l'opinion la plus généralement répandue dans la province, c'est qu'une nouvelle guerre est inévitable pour apaiser le mécontentement de l'armée, pour affermir l'autorité du Roi, et pour nous relever de notre état d'humiliation.

On ne remarque, nulle part, aucune sympathie entre les idées de l'ancienne noblesse et les idées de la nouvelle. La première se croit beaucoup au-dessus de l'autre et on doit moins que jamais s'attendre à voir des alliances et de la fusion entre elles. Une dame de la haute classe de Nancy disait, récemment, qu'il n'y avait, dans cette ville, que trois femmes qui fussent dans les bons principes; ce qui signifie qu'il n'y a que trois folles qui traitent le Roi de *Jacobin* et qui voient, avec peine, que la France n'est pas bouleversée par les réactions.

En résumé, une administration militaire loyale et ferme, une administration civile bien intentionnée, mais faible; un clergé sage qui ne va ni trop vite ni trop lentement; un peuple d'une fidélité incertaine, encore égaré par les théories révolutionnaires, peu respectueux pour l'autorité souveraine, habitué aux agitations politiques et toujours prêt à les renouveler, telle est la physionomie du département de la Meurthe et le tableau assez triste que nous offrent plusieurs autres contrées du Royaume.

7 *Août* 1814. — Les bruits sur la réconciliation de Bonaparte et de Murat prennent de la consistance; c'est, dit-on, par les femmes, par la princesse Borghèse et Élisa, ses sœurs, que le rapprochement a été préparé. Napolé[on] et Murat.

Cependant, les lettres d'Allemagne portent que l'ex-grande-duchesse de Toscane est auprès de Grætz, dans une terre qu'y aurait acheté son frère Jérôme et qu'elle n'aurait pas obtenu de l'Empereur d'Autriche la permission d'aller à Vienne comme elle l'aurait désiré.

Les nouvelles d'Italie montrent toujours ce pays comme s'échauffant et s'exaspérant contre la domination autrichienne, surtout du côté de Ferrare et de Bologne où est la partie la plus inquiète de la population, celle où Bonaparte a eu, autrefois, le plus de partisans. Agitati[on] en Italie.

Quant à Marie-Louise, il est encore assez difficile de savoir quelle direction elle prendra en quittant Aix; il est douteux qu'elle aille à l'Île d'Elbe et Marie-Louise même à Parme qui l'en rapprocherait trop. On dit même que son père le lui a formellement interdit.

Le docteur Corvisart, qui est auprès de cette princesse, est peint comme l'un des hommes du dernier gouvernement auprès duquel il serait le plus possible de surprendre quelques fils du système de régence. Il m'a été assuré que Marie-Louise lui conserve les dix mille francs de pension qui lui avaient été attribués, avant la chute de l'Empire.

D'autre part, j'apprends que l'Archiduchesse a l'air de jouir d'un calme imperturbable, bien que je sache positivement qu'elle pleure beaucoup quand elle est seule et qu'elle a toujours dans son sein le portrait de Bonaparte.

Le 29 Juillet, il est arrivé à Aix, dans la soirée, un officier d'ordonnance autrichien qui s'est rendu de suite chez Marie-Louise et en est reparti, dans la nuit, pour Milan. Aussitôt, des bruits de guerre ont circulé dans l'entourage de la princesse et les gens de sa maison ont annoncé hautement qu'ils allaient bientôt quitter la Savoie. Ce bruit, d'une prochaine rupture entre l'Autriche et d'autres grandes puissances, a pris, bientôt, de la consistance par suite des discours de plusieurs officiers autrichiens.

Un individu, qui se dit Prince de Kolowski, et envoyé extraordinaire de Russie à Turin, vient d'augmenter le nombre des étrangers attirés à Aix par la présence de Marie-Louise. Il parle beaucoup et dîne à table d'hôte, ce qui paraît assez plaisant pour un ambassadeur. Il ne quitte presque pas le Feld-Maréchal et va chez l'Archiduchesse. Ce que l'on m'assure de ce personnage, c'est qu'il se porte trop bien pour que des raisons de santé l'aient amené à Aix.

Un bruit qui court aussi, dans la maison de la princesse et que je dois enregistrer, c'est que le fils de Bonaparte est à Turin ou plutôt à Parme. J'inclinerais vers cette dernière version, car il est certain qu'il doit aller dans cette ville; mais tout ce qui environne l'Archiduchesse est d'une discrétion si éprouvée qu'il est bien difficile de se renseigner. L'agent que j'entretiens à Aix, me mande, pourtant, que Marie-Louise exprime hautement la résolution d'aller, avant peu, voir son mari, quoiqu'on suppose que son père le lui a interdit.

8 *Août* 1814. — On m'écrit de Sarrebourg que toutes les autorités civiles marchent d'accord dans cette ville, qu'elles sont attachées à la cause du Roi et animées d'un bon esprit, mais elles sont d'une grande médiocrité. Ainsi, le sous-préfet, jeune homme de 23 ans, est d'une ignorance incomparable; l'année dernière, il jouait encore au colin maillard, dans les rues, avec les enfants de la ville

Nouvell[es] de Sarrebourg.

Ce sont les Alliés qui l'ont nommé et il se flatte d'avoir à la cour des protectrices qui le feront confirmer dans ses fonctions. Tant pis pour le service du Roi!

L'esprit de l'arrondissement se ressent de la faiblesse et de l'ineptie du chef; nulle part, le peuple n'est plus turbulent, plus enclin à la sédition et à l'indépendance; nulle part, les autorités subalternes ne sont plus arbitraires et plus incertaines dans leur marche. Le sous-préfet et le maire sont de ceux qui croient que tout est fini quand on a dit qu'on aime le Roi. — C'est une manière de voir que je retrouve sur trop de points; il serait bien important de détromper, là-dessus, une foule de fonctionnaires qui vont tout de travers, dans la persuasion que le Roi a plus besoin d'amour que d'obéissance et de popularité que d'argent. Tout ce qu'ils font, dans ce sens, ne sert qu'à rendre le peuple exigeant et entreprenant. Il attribue à la faiblesse les ménagements qu'on a pour lui et il paie par des excès et de l'insubordination l'indulgence que l'on montre pour ses caprices.

Le clergé de Sarrebourg est composé de jeunes prêtres peu instruits et qui ont la tête ardente. Les ecclésiastiques assermentés se ressentent déjà du voisinage de l'Alsace où ils sont encore plus mal vus qu'ailleurs; les autres affectent, à leur égard, un mépris qui ne contribue pas à la paix des consciences et au bien de la religion. Les prêtres sages désirent vivement que la cour de Rome remédie bientôt, par son intervention et par une décision quelconque, à toutes ces dissidences et à toutes ces irritations.

Le curé de la ville est un vieillard bien âpre dans ses prétentions; déjà, il annonce que les registres de l'État civil ne tarderont pas à être les seuls qui fassent foi et il exige qu'ils soient tenus avec un soin infini. Néanmoins, les pratiques de la religion se rétablissent assez bien partout, excepté parmi les individus du bas peuple. Toute la bourgeoisie est, au moins extérieurement, religieuse.

Bonaparte ne paraît pas avoir beaucoup de partisans, dans ce côté de la France. On ne fait pas grande attention aux discours que tiennent, non plus qu'aux regrets qu'expriment les prisonniers de guerre qui rentrent. On a cependant entendu des gens du peuple et des enfants crier « Vive l'Empereur! », en voyant passer des militaires, qu'ils croyaient sans doute flatter par cette espèce d'initiative.

En somme, l'esprit public est plutôt bon que mauvais dans cette partie du Royaume; il y a insubordination dans le peuple et faiblesse extrême, pour ne pas dire incapacité absolue, dans l'administration; mais il y a, à peu près, une disposition générale à jouir de la paix et du gouvernement du Roi, que l'on préfère de beaucoup au précédent. Il ne reste guère dans le parti de Bonaparte que les anciens Jacobins et quelques militaires dont les espérances sont bouleversées.

Marie-Louise.

9 *Août* 1814. — L'archiduchesse Marie-Louise n'admet personne auprès d'elle, à Aix; Talma, venu de Genève depuis deux jours, lui fait des lectures. Une personne, qui a accès dans la maison de la princesse, prétend qu'elle reçoit rarement des nouvelles de l'Ile d'Elbe et qu'elle se plaint de n'en pas recevoir de lettres; il paraît, néanmoins, qu'un émissaire lui aurait été envoyé de l'île, mais, se trouvant sur le point d'être surpris, il aurait jeté à la mer les papiers dont il avait été chargé. Ces détails viennent, indirectement, de Madame de Brignoles.

D'un autre côté, j'ai recueilli des détails assez intéressants sur la famille Bonaparte; ils émanent d'un capitaine gênois, entré, il y a peu de jours, dans le port de Marseille.

Le roi Joachim.

A son départ de Naples, cet officier assure que le roi Joachim semblait ne plus rien craindre pour son trône, parce qu'il avait récemment conclu avec l'Autriche un traité lui assurant l'appui de cette puissance. Une des conditions de cette convention était, qu'en cas de guerre, le prince devait se joindre avec son armée à un corps autrichien dont il aurait le commandement. On préparerait aussi, à Naples, une expédition maritime destinée à contenir les forces siciliennes pendant que le roi serait absent de son royaume. Le bruit, assez extravagant, d'ailleurs, court en Italie que Bonaparte en sera bientôt déclaré roi, avec le consentement de l'Autriche. L'ex-empereur a, dit-on, des personnes chargées de recruter pour lui sur divers points de l'Italie; ces agents remettent cent francs d'avance à tous ceux qui s'engagent secrètement à le servir au premier signal, en sorte qu'on est persuadé que, s'il débarquait sur quelque point, il serait accueilli par un grand nombre de ses partisans auxquels iraient bientôt se réunir tous ceux qui formaient l'ancienne armée française en Italie.

Ce capitaine a ajouté qu'en passant près de l'Ile d'Elbe, une barque est venue à son bord et que les matelots lui ont parlé avec enthousiasme de Bonaparte, à qui leur pays serait déjà redevable d'une grande prospérité et d'un surcroît de population. Les maisons n'y suffisent plus pour loger les étrangers qui y arrivent. Ils ont été obligés de dresser des tentes et de construire des baraques. Bonaparte.

Bonaparte est dans une activité continuelle; la nuit, il visite les casernes et les postes pour voir si chacun fait son devoir; le jour, il parcourt les travaux de l'île. Suivant le dire de ces matelots, il aurait passé, dernièrement, au milieu d'une flotte de navires tripolitains pour aller visiter l'île de la Pianosa; il était sans suite, dans une barque.

Ces gens racontent aussi que beaucoup de Gênois font de fréquents voyages à l'Ile d'Elbe, pour se concerter avec Bonaparte, et qu'il serait arrivé à Gênes quinze mille hommes de troupes anglaises venant d'Espagne, etc.

Le Roi sait quelle réputation ont les récits de mer; aussi n'est-ce que pour son information que je lui transmets ceux-ci, qui semblent propres à la justifier par leur invraisemblance.

Nouvelles de l'Alsace.

12 *Août* 1814. — Dans l'Alsace, il n'y a de chaleur parmi le peuple ni pour, ni contre le gouvernement; tout y est soumis à des calculs où l'affection n'entre pour rien. Le gouvernement actuel y est préféré au précédent, seulement parce qu'il coûtera moins de sacrifices et que les charges en seront moins pesantes. Cependant, il règne partout une certaine méfiance qui empêche de s'attacher sans hésitation à l'ordre actuel. Le bruit court que le Roi est mal entouré; que le parti de l'émigration domine en réalité, tandis que le parti le plus fort ne domine qu'en apparence, parce qu'on a besoin de lui et

qu'on le redoute; on dit, enfin, que ce qui reste du régime précédent sera détruit pièce à pièce. Les hommes exaltés, dans le système de la réaction, entretiennent aussi ces défiances par un langage qui décèle la même arrière-pensée.

Une des grandes calamités de l'administration, ce qui contribue à multiplier les incertitudes, c'est l'instabilité des positions personnelles. Un préfet, un sous-préfet, un maire, un juge qu'on n'a ni renvoyés, ni confirmés dans leurs fonctions, ne les excercent qu'avec tiédeur et indifférence. Ils perdent leur temps à s'occuper de leur propre situation, ne s'attachent point et ne cherchent pas à attacher les autres à la cause du Roi. D'un autre côté, les administrés se croient tenus à moins de respect et d'obéissance quand ils peuvent dire de leur sous-préfet, de leur maire ou de leur juge de paix : « Qu'ils ne fassent pas tant de bruit, ils ne sont pas là pour longtemps !.. Ne payons pas; ce que celui-ci nous demande ne sera peut-être pas exigé par son successeur ! » Aussi, n'a-t-on jamais vu plus d'insoumission dans le peuple, plus de relâchement parmi les fonctionnaires et les employés. Ils sont, en ce moment, la plaie la plus dangereuse du corps social.

Tandis que, d'un côté, le bas peuple est indifférent et hésitant, que la classe moyenne place ses préférences d'un côté dont on ne tirerait pas grand parti, à l'occasion, les militaires et les hommes imbus des idées nouvelles forment une classe immense qui a, sur les autres, une grande supériorité d'énergie et de mouvement. Il est impossible de méconnaître qu'il existe, dans cette classe, beaucoup d'inquiétude et de fermentation. Sans cesse attentive à tout ce qui se passe, elle se fait des fantômes des moindres circonstances de la réaction; elle s'en tourmente l'esprit et tourmente celui des autres. Son humeur, ses défiances, ses calculs éventuels sur tout ce qui peut arriver, altèrent peu à peu la sécurité du public et les espérances de stabilité que le régime actuel avait fait concevoir. Tel est le motif pour lequel l'opinion publique dépérit chaque jour.

Le Roi est aimé; on estime beaucoup son caractère et on lui accorde une grande supériorité de lumières. Bien des gens sont persuadés que si S. M. était revenue un mois plus tôt, la France n'aurait pas été humiliée et sacrifiée comme elle l'a été. Mais, tout ce qui tendrait à affaiblir l'idée qu'on s'est faite de sa fermeté, tout ce qui semblerait prouver sa préférence pour le parti de l'émigration et sa défiance envers le gros de la nation, tout ce que le Roi ferait pour les émigrés et l'ancienne noblesse, au préjudice de l'armée et de la noblesse nouvelle, tout cela ne ferait que lui être fort nuisible, tout en ne servant qu'à flatter une classe d'individus déjà gagnée à sa cause et en produisant un effet contraire sur une autre classe bien autrement puissante qu'il lui importe de mettre dans ses intérêts.

A Sarrebourg, la grand majorité des habitants ne peut croire que Bonaparte ait renoncé de bonne foi à jouer un rôle. On craint qu'il ne se soit seulement endormi pour un temps, jusqu'à ce que la France ou l'Autriche se trouve engagée dans des guerres dont il puisse profiter. Toutefois, beaucoup conviennent que, si le gouvernement s'unit sérieusement et franchement à toutes les énergies civiles et militaires que la révolution a créées, en marchant sans crainte avec les idées nouvelles et les hommes nouveaux, Bonaparte est perdu sans ressource, parce que ses partisans ne sont pas pour lui des hommes d'affection, mais des hommes d'intérêt privé qui, à profit égal, aimeront baucoup mieux la cause actuelle que la sienne. D'un autre côté, il serait fort à redouter que, si on prenait la route de la réaction, Bonaparte ne retrouvât un jour, en France, une armée de mécontents qui bouleverserait tout.

Tout ce que l'on peut redouter de danger réel est du côté de l'Ile d'Elbe. Mais, avec une forte administration, un grand respect pour la charte, on ferait facilement taire les clameurs et les mécontentements. C'en serait alors fait de Bonaparte pour toujours!

Irritations des esprits à Lunéville.

15 *Août* 1814. — Un rapport, que je reçois de Lunéville, me confirme ce que j'exposais au Roi sur l'esprit public dans l'Est de la France; il n'est pas plus satisfaisant dans la Meurthe. On y trouve peu de partisans éclairés de la cause du Roi; ceux qui croient la soutenir, le plus chaudement, la gâtent par leur exagération et leurs prétentions exclusives. Ils irritent plus qu'ils ne calment et ils enveniment au lieu de guérir. Dans ce pays, plus qu'ailleurs, le peuple est relâché sur tous les principes de morale et de religion; tout ce qui tend à les rétablir le contrarie. Ce mal paraît encore plus incurable dans les campagnes que dans les villes.

Les prêtres forment, à Lunéville, une classe irritable, passionnée et qu'on trouve rarement sur la ligne de la modération; ils se font aussi, entre eux, une guerre d'opinion très animée. Ceux qui n'ont pas prêté les divers serments sont, par rapport à ceux qui les ont prêtés, hautains, tracassiers; ils s'éloignent d'eux avec un dédain affecté, les dénigrent, les ravalent et cherchent à les faire tourmenter par l'opinion. Cela tend à faire regretter aux prêtres assermentés un régime qui les mettait à l'abri de ce genre de persécution. Les hommes les plus passionnément attachés au service du Roi s'accordent à dire que les ecclésiastiques montrent un esprit de domination intolérable et que leur faux zèle est très dangereux, son effet général étant d'armer toutes les idées contre l'ordre de choses actuel. On leur suppose, en effet, l'intention de tout ramener à eux, de faire rétablir l'ancien régime, en ce qui les concerne, et d'imposer aux individus et aux consciences un joug qu'ils ne sont plus disposés à supporter. Les deux exemples suivants démontrent à quel point les esprits sont échauffés à l'égard du clergé.

Un curé de village (à Vitremont) officiait à l'occasion du dernier *Te Deum*. Il avait dit des choses tellement à contre-sens et elles avaient été prises tellement de travers que, lorsqu'il fut question de sonner les cloches pour ce *Te Deum*, tous les paroissiens s'y opposèrent et il s'établit une sorte de lutte publique entre lui et eux.

Dans un autre village, non loin de Lunéville, le curé prêchait contre Bonaparte, qu'il traitait de « scélérat et de damné ». Il lui reprochait même « d'avoir traîné le Pape par les cheveux ». A ces mots, un des paroissiens se leva insolemment et cria tout haut : « Cela n'est pas vrai ! Je connais le Pape; il n'a pas de cheveux ! » Tout l'auditoire se mit à ricaner, comme dans une halle.

De pareils incidents dispensent de rien dire de plus sur l'irréligion qui règne dans les campagnes.

Marie-Louise.

16 *Août* 1814. — J'ai prié M. le maréchal Moncey de me communiquer les résultats de la surveillance qu'il fait exercer, à Aix, autour de Marie-Louise. Les détails qu'il me donne confirment tous ceux que j'avais eu l'honneur de soumettre successivement au Roi et ils n'y ajoutent qu'une circonstance, fort grave, il est vrai : c'est qu'un des gens de l'Archiduchesse aurait dit « qu'elle avait reçu une lettre de l'Ile d'Elbe et que les mesures étaient prises pour que Bonaparte fût sur le continent à la tête d'une grande armée, d'ici à trois mois ». Ce domestique annonçait, dans une maison qu'on ne m'indique pas, « que l'opinion de l'entourage de Marie-Louise était, que Bonaparte ferait toutes les tentatives possibles pour remonter sur le trône ».

Le lieutenant de gendarmerie, auquel on doit ces renseignements, mande qu'il s'est assuré de deux femmes qui travaillent chez Marie-Louise et qu'elles ont transmis des informations semblables. Elles ont entendu dire que la princesse devait, sous peu de jours, faire un voyage incognito à Lyon. J'estime, pour mon compte, que cet étrange projet doit être révoqué en doute.

L'officier dont il s'agit et qui avait été envoyé sous prétexte d'inspecter la cavalerie de son armée, a été bientôt démasqué par les autres agents auxquels est confiée la surveillance de Marie-Louise. A ce propos, l'un d'eux me fait remarquer qu'ils sont maintenant cinq, à Aix, se contrôlant et se contrariant mutuellement; sans parler du prince Kolowski, pour la Russie et du maréchal Neyperg, pour le cabinet de Vienne. La suite de Marie-Louise ne s'en trouble pas plus pour cela et sa correspondance n'en est pas moins active. Il lui est arrivé, en un jour, deux courriers; aussi, M. le comte Neyperg a-t-il dû s'apercevoir qu'une correspondance aussi active ne pouvait qu'inquiéter le gouvernement français et on m'assure qu'il doit avoir écrit à son ambassadeur, à Paris, à ce sujet.

La grande nouvelle qui circulait à Aix, était que plusieurs maréchaux, notamment le maréchal Macdonald, s'étaient coalisés contre le comte de Blacas et se flattaient de lui faire perdre la confiance du Roi.

Le roi de Rome.

Un autre bruit qui se répand, concerne le fils de Bonaparte. Les Autrichiens de marque, qui se trouvent en Savoie, ne sont pas tous d'avis de l'élever afin d'en faire un jour un cardinal; aujourd'hui, il serait question de le porter au trône d'Italie, sous la haute protection de l'Autriche.

J'ai la certitude que le marquis de Beausset est à l'Ile d'Elbe, que Bonaparte correspond activement avec lui et que des officiers s'embarquent et débarquent chaque jour à Livourne. Napoléon a envoyé un de ses navires à Gênes, il y a peu de jours.

Le colonel Le Crosnier s'est rendu chez le maréchal Neyperg et lui a parlé de la nécessité d'interdire l'entrée du territoire aux estafettes autrichiennes. Je crois qu'on gagnera peu à cette mesure, car les paquets seront déposés à Montmélian, au poste autrichien, d'où un piéton les apportera à Marie-Louise.

Propagande bonapartiste.

18 *Août* 1814. — Des renseignements, recueillis par un des sous-préfets de Seine-et-Oise, indiquent qu'on fait circuler dans le public des médailles portant, d'un côté, l'effigie de Bonaparte avec l'inscription : *Espérance*, et, de l'autre, le mot : *Courage*, avec la figure de Marie-Louise. Ces médailles sont, dit-on, de la grandeur d'une pièce de un franc.

On prétend, aussi, que d'anciens militaires, après avoir hautement crié : « Vive le Roi ! » se retournent les uns vers les autres, avec un air de complicité, et ajoutent : « Vive le Roi... de Rome et son père ! »

Armements en Vendée.

Une nouvelle, beaucoup plus grave, que je reçois, concerne les armements qui continuent dans la Vendée. Des individus, qui se disent brevetés de divers grades militaires, dont ils prennent les insignes, s'arrogent sur le pays un commandement qui annule l'action de l'autorité légitime; ils donnent des ordres et provoquent des rassemblements.

Les paysans, encore sous le prestige de leur ancienne domination, montrent une aveugle obéissance. Les persécutions se renouvellent et des familles entières s'éloignent du territoire où règne l'épouvante. Impossible de prévoir où s'arrêtera le désordre. L'habitant manifeste, tout haut, son mécontentement; les soldats désertent par bandes.

Le maire de Nantes, de qui je tiens ces détails, grossit probablement le mal et les dangers; mais, il est difficile qu'il n'y ait pas en cela quelque vérité, ne fût-ce que sous le rapport de la fâcheuse disposition des esprits.

Du reste, sur mon invitation, M. le ministre de la guerre envoie une garnison dans cette ville. Des recommandations expresses ont été adressées de n'en faire, dans les campagnes, que l'emploi le plus mesuré et d'accord avec les commandants militaires.

Nouveaux détails sur Marie-Louise à Aix.

24 *Août* 1814. — Lors du passage à Genève de l'impératrice Marie-Louise, les personnes de sa suite tenaient les discours les plus répréhensibles contre la Famille Royale. Elles déclaraient que cet « échafaudage » ne pouvait durer six mois, car Napoléon allait tout entreprendre pour remonter sur le trône, devant être secondé par l'Autriche.

L'Archiduchesse est, dit-on, arrivée à Aix sans aucune maladie qui nécessitât l'usage des bains; elle n'en prend que de propreté. Elle se fait beaucoup voir et montre plus d'affabilité qu'elle n'en avait sur le trône.

De nouveau, le bruit s'est répandu, dans les pays frontières de la Suisse, que Bonaparte, échappé de l'Ile d'Elbe, allait entrer en France à la tête de quarante mille Autrichiens. Quelque absurde que soit ce bruit, il s'est accrédité tellement que les cultivateurs, croyant à une prochaine invasion, se sont hâtés de couper leurs blés avant la maturité.

Intrigues de Joseph Bonaparte.

D'un autre côté, tout fait supposer que Joseph Bonaparte se livre, dans le pays où il s'est établi, à des intrigues et à des correspondances secrètes. On prétend qu'il ne se passe pas de semaine qu'il n'envoie deux ou trois courriers qui prennent la route du Jura; ceux qui sont chargés des lettres les moins importantes suivent la grande route, ils vont jusqu'à Fontainebleau où ils remettent leurs dépêches et en reçoivent d'autres. Les courriers qui prennent la route d'Italie traversent le lac Léman, vont gagner Thonon, puis, de là, le Valais. Ceux que le prince adresse à Marie-Louise traversent aussi le lac, pour aller prendre la Savoie.

Joseph fait beaucoup d'aumônes pour se rendre les habitants des pays favorables. Il a récemment parcouru, lui-même, toutes les maisons misérables du village qu'il habite, en donnant dans chacune une pièce de vingt francs.

Louis-Bonaparte.

Louis Bonaparte, qu'on avait dit séparé de son frère, dans la crainte d'être compromis par ses intrigues, est toujours avec lui. Il paraît qu'il se propose d'aller joindre à Grætz, en Styrie, son frère Jérôme et sa sœur Élisa. Mais je sais que cette dernière est à Bologne, où elle fait ses couches.

Un secrétaire de l'Archiduchesse s'est rendu dernièrement à Genève, où il a acheté beaucoup de bijoux pour des cadeaux que doit faire cette princesse.

Un jeune Suisse, attaché à son service, de qui le préfet du Mont-Blanc tient tous ces détails, prétend que Marie-Louise a les plus fortes espérances de remonter bientôt sur le trône de France. Elle reçoit fréquemment, de plusieurs officiers marquants et d'anciens personnages de l'Empire, des lettres de dévouement sans bornes. L'empereur d'Autriche, à son retour de Paris, aurait défendu, par une ordonnance, de se permettre des injures contre la France et, surtout, contre Napoléon. Le prince Charles serait entièrement du parti de sa nièce et travaillerait de toutes ses forces au rétablissement de Bonaparte; il aurait même eu, à ce sujet, des scènes violentes avec son frère.

Le bruit court que l'Archiduchesse partirait des bains d'Aix, au commencement de septembre, pour se rendre directement à Parme, en passant par Turin et que son fils serait en Italie en même temps qu'elle.

Ces nouvelles, dont plusieurs ont déjà, d'ailleurs, été démenties, sont tellement graves, que j'insiste auprès du préfet pour qu'il ne s'en tienne pas, à cet égard, à des allégations et qu'il cherche à recueillir des preuves. Il doit avoir, à la proximité où il est, plus de moyens que personne, parce qu'il a été, lui-même, très lié avec divers membres de la famille Bonaparte, notamment avec Mme Bacciocchi dont il était le confident intime, pendant qu'il était préfet de Livourne (1).

Propos tenus par Bonaparte à l'Ile d'Elbe.

25 *Août* 1814. — Les bruits les plus extraordinaires continuent à se propager relativement à Bonaparte. Ainsi, on parle dans la ville de Chambéry d'une lettre écrite de l'Ile d'Elbe par un soldat de la garde à l'un de ses camarades et dans laquelle se trouveraient ces mots : « Nous sommes bien nourris et bien payés ; nous gardons la cage, mais l'oiseau n'y est plus ».

D'autre part, il se débite, à Gênes, que Bonaparte

(1) Le préfet auquel il est fait ici allusion, se nommait M. Capelle.

a répondu à des officiers français et italiens qui avaient été lui offrir leurs services : « Vous voyez que je ne peux pas vous employer; mais, retournez dans vos foyers. Si j'ai besoin de vous, je saurai vous trouver ».

On ajoute que, Napoléon ayant demandé à quelques officiers et soldats comment ils se trouvaient dans l'Ile d'Elbe, ils avaient répliqué : « Fort mal; cette île ne vaut pas la France! » — Il leur aurait dit alors : « Allez, mes amis; sous peu, je vous mettrai ailleurs ! »

Ces propos, où perce si fortement l'esprit de parti et de haine me sont transmis par le préfet de Marseille. Ils contiennent, sans doute, beaucoup d'exagération, mais ils indiquent, au moins, avec quelle aveugle confiance on accueille toutes les paroles qu'on prête à Bonaparte, quelque absurdes qu'elles soient; combien les regards sont tournés vers lui et combien de gens lui supposent encore un avenir conforme à leurs coupables espérances! De son côté, il semble encore menacer tout ce qui l'environne, si l'Europe ne prend des moyens efficaces pour l'empêcher d'y être dangereux.

29 *Août* 1814. — La fête d'hier a dû donner au Roi une juste idée des dispositions de ses sujets. S. M. a retrouvé sa capitale comme si elle n'en avait

Le roi l'Hôtel de Ville

jamais été séparée. Son arrivée à l'Hôtel de Ville n'a pas été un événement, mais un exemple ajouté à cent autres. On a reconnu cet usage consacré par des siècles et qui rappelle le touchant et noble échange entre les Français et leur roi : du respect et de l'amour d'un côté, de la confiance et de la bonté de l'autre.

Aussi, la fête avait-elle le caractère d'une fête de famille ; une joie, non pas bruyante ni affectée, mais naturelle, était répandue dans l'assemblée. On eût dit des enfants longtemps dispersés et qui, après des fortunes diverses, se retrouvent sous le toit paternel et vont au-devant du père de famille. La Providence en a donné au Roi le cœur, le port et l'accent. Le caractère dominant de sa physionomie est un mélange de paternité et de dignité qui rend son aspect cher à ses sujets : aussi, la seule plainte qu'on ait formulée hier, c'est que le Roi n'ait pas adopté la forme de carrosse de rigueur en pareille cérémonie et qui ne laisse rien perdre au peuple des traits et de la présence de son prince.

Mais, c'est dans son discours que le Roi a répandu son cœur tout entier. Il a été applaudi, de ces applaudissements qu'on ne commande jamais et que, rarement même, les rois obtiennent. J'ai vu plus d'un assistant serrer la main à son voisin et répandre en commun des larmes. Oh ! combien de souvenirs, de regrets, de remords, peut-être, ont excités et calmés les paroles les plus touchantes qui soient jamais descendues d'un trône!

Le Roi a vu couler les larmes qui se mêlaient aux siennes lorsqu'en son nom, comme au nom de sa famille, il a promis aux Français un bonheur qu'il leur fait déjà goûter. Il serait difficile de rendre à S. M. les impressions profondes qu'elle a si vivement ressenties et répandues autour d'elle. Ce qu'il faut que le Roi sache, c'est qu'il n'avait pas sitôt paru dans un salon, que le sentiment général était la crainte de la fatigue qu'il y éprouverait. On a trouvé trop long l'intermède, le concert et même la séance dans la salle du bal. On entendait partout un propos qu'on se renvoyait avec un vif intérêt : « On fatigue le Roi... il fait trop d'efforts... il en sera malade! »

J'ose garantir à S. M. qu'il n'y a eu, hier, qu'un seul sentiment à l'Hôtel de Ville et, j'oserais ajouter, dans tout Paris. Le lieu que le Roi a honoré de sa présence contenait une faible partie de l'élite de ses sujets; quatre cent mille autres étaient répandus dans la ville et ont pris part à la fête. Le 25 août même (1) a été vaincu par le 29; le temps, l'ivresse publique, l'éclat de l'illumination, cette prodigieuse

(1) Le 25 Août, la fête du Roi avait été célébrée à Paris.

affluence de spectateurs, le bon ordre sur tous les points, la parfaite tranquillité au milieu de ces flots qui inondaient les rues, les quais et les places publiques, tout a été au-delà des espérances les plus hardies et a justifié la garantie que j'avais osé offrir à S. M. Pas une querelle, pas un désordre, pas un accident n'a troublé la plus magnifique journée dont Paris ait à s'enorgueillir!

Quelle que soit la part qu'on veuille bien attribuer à la police dans un tel succès, il faut cependant remonter plus haut pour en trouver les causes, et la première est l'amour qu'on porte au Roi, sentiment qui domine inconsciemment tous les autres et qui absorbera les misérables résistances qu'on essayerait d'y opposer.

Aussi, avais-je recommandé de prononcer son nom sacré, mais sans en abuser, si un désordre se manifestait quelque part et de substituer aux menaces usitées et souvent impuissantes un reproche mieux approprié à des Français : « Comment! le jour d'une fête qu'on donne au Roi!.. Si S. M. le savait! »

On n'a pas même eu besoin de recourir à ce moyen; le sentiment que je viens de célébrer a fait la police de la fête. J'ajoute que le ciel a semblé prendre plaisir à l'embellir lui-même et cet heureux hasard n'est pas ce qui a le moins frappé la foule que le dernier gouvernement avait habituée à mettre un haut prix à cette sorte de superstition.

La Bourse seule a continué ses opérations sans distraction; mais, elle n'a pu échapper à l'influence de la fête. Les 5 pour cent y ont été, hier, à 80 francs et l'opinion était encore à la hausse.

CHAPITRE III

2 *Septembre* 1814. — On a répandu à Marseille, plusieurs exemplaires d'un libelle ainsi conçu : Propaga[nde] de bonapa[r]tiste.

« Français, ouvrez les yeux ! Napoléon le Grand, Empereur des Français, dans les bras d'Angenore, y repose sa tête ! Il est juste... mais bientôt les lauriers de mars flétris par les Marseillais, le 7 juillet 1814, vont, par le secours de Vulturne et de Thétis, lui rendre les honneurs qui lui ont été ravis ! »

Le préfet, en transmettant cet absurde écrit, mande que l'esprit public est généralement bon dans son département et qu'on ne doit rien redouter des efforts que les malveillants pourraient tenter pour intimider les bons citoyens. Néanmoins, il ne s'explique pas davantage et son silence pourrait faire supposer qu'il y a, à Marseille, des perturbateurs qui cherchent à troubler la tranquillité.

L'approche du Congrès de Vienne paraît être, pour la famille Bonaparte, un vif sujet d'inquiétudes ou un motif de secrètes illusions. On remarque, parmi tous ses membres, un mouvement et des rapprochements bizarres.

Madame mère est à l'Ile d'Elbe.

La princesse Borghèse, la plus souple et la plus conciliante de toutes, est à Naples, où l'on suppose qu'elle a été le trait d'union du rapprochement entre Bonaparte et Murat.

Lucien, qui affichait tant de ressentiment contre son frère, quand il était puissant, a, dit-on, quitté momentanément Rome pour aller passer quelques jours à l'Ile d'Elbe.

Jérôme est à Trieste, où il affecte encore le ton royal et annonce les prochaines couches de la reine.

Joseph et Louis sont en Suisse, où ils se disposent à recevoir leur belle-sœur, Marie-Louise, après l'avoir insultée à Tours.

Madame Élisa Bacciocchi, revenant de Vienne, est accouchée d'un garçon, à Codroipo, dans les pays vénitiens (Province d'Udine) et compte, assure-t-on, aller aussi bientôt faire une visite à son beau-frère qu'elle avait abandonné, avant sa chute, pour se rallier aux intérêts du roi Murat. Son mari est auprès de Bologne d'où il sollicite la conservation de son grade de général de division au service de la France, tandis qu'il écrit, d'un autre côté, à Bonaparte, par Livourne.

L'activité de la correspondance entre Marie-Louise

et Bonaparte ne permet guère de croire à de simples effusions de tendresse et doit, naturellement, se rattacher à des combinaisons politiques qui ne peuvent être étrangères aux conférences du Congrès.

L'Autr che et Bo parte.

Cependant, des renseignements, qui ne manquent pas de quelque authenticité, peignent la cour de Vienne comme fort peu d'accord avec Bonaparte, parce qu'elle redouterait fortement le nombreux parti qu'il a conservé en Italie, où elle craindrait des soulèvements en sa faveur. Ces alarmes, de sa part, pourraient expliquer sa répugnance actuelle pour le séjour de Marie-Louise à Parme, où la présence de cette princesse servirait à son mari de prétexte pour venir sur le continent.

Dispo tion du binet a chien à gard de rat

Les informations que j'avais reçues sur la bonne intelligence entre le Cabinet autrichien et Murat, sembleraient infirmées par d'autres relations. Selon ces dernières versions, des nuages se seraient récemment élevés entre eux. Murat paraîtrait, aujourd'hui, revenu aux intérêts de l'Angleterre. Cette puissance, voyant avec peine l'Autriche tendre à s'emparer, pour son seul compte, de l'Italie entière, songerait à lui opposer, comme obstacle momentané, un fou qu'elle briserait ensuite et à son gré. Elle irait même jusqu'à lui fournir de l'argent pour renforcer et soudoyer une armée qui est hors de proportion avec les finances d'un pays déjà épuisé par le luxe militaire et les profusions de son souverain.

Je soumets ces données au Roi, sans prétendre les garantir, mais, comme l'analyse de ce qu'il est du devoir de la police de recueillir pour les méditations du chef suprême de l'État dont le besoin est de tout connaître, puisqu'il appartient à sa haute sagesse de tout aprofondir.

Projet de mariage entre le duc de Berry et une princesse russe.

Pour passer à un sujet d'un ordre tout différent, j'ajouterai, en terminant ce rapport, que l'ambassadeur Pozzo di Borgho commence à se plaindre de ce qu'on ne termine rien relativement au mariage de Monseigneur le duc de Berry avec une princesse russe. Il n'a pas caché à quelques personnes de sa confidence que c'était là un des principaux articles de ses instructions et qu'il serait personnellement humilié de n'y pas réussir.

Son humeur en serait, à ce qu'il paraît, d'autant plus vive, qu'il craindrait que son crédit à la cour de Saint-Pétersbourg pût en être ébranlé.

La contrariété qu'il éprouve, dans une négociation à laquelle il paraît mettre un grand prix, le dispose à voir notre position sous un jour défavorable. Aussi, a-t-il laissé entrevoir qu'en cas de plus longs délais, il ne serait pas éloigné de détourner sa cour de ce mariage, en lui montrant le trône de France comme mal assuré et encore menacé par des partis qui, pour être momentanément calmes, pourraient n'en être pas moins redoutables dans un prochain avenir. Il se flatte d'échapper, ainsi, au reproche de maladresse et d'inhabileté en inspirant à sa cour le désir de renoncer à un mariage qu'il aurait la certitude de ne pouvoir plus conclure.

Il a donné aussi à entendre que les difficultés mises en avant étaient relatives à la différence de religion. Mais il a l'air de ne pas les croire sérieuses, aux yeux d'un prince aussi sage que le Roi. Il a insinué que d'autres intérêts, qu'il a déclarés être secondaires, mais sur la nature desquels il ne s'est pas expliqué, pouvaient seuls s'opposer à une alliance qui resserrērait les liens déjà existants entre la France et la Russie et faire repousser une semblable garantie de l'ordre de choses actuel.

12 Septembre 1814. — J'ai fait venir M. Hurault de Sorbée, ancien capitaine dans la garde de Bonaparte, pour chercher à connaître au juste les motifs de son voyage de l'Ile d'Elbe à Aix et d'Aix à Paris. Je l'ai questionné avec beaucoup de soin et il m'a semblé expliquer tout ce qui le concerne d'une manière nette et franche. Hurault Sorbée.

C'est un jeune homme assez bien né, plein d'amour pour sa femme, jeune, jolie et lectrice de Marie-Louise, dont elle avait commencé par être, à Paris, dame d'annonce. Il était résolu à tout sacrifier pour se réunir à une femme dont il se montre épris avec toute l'ardeur d'une tête vive. Si Bonaparte s'était opposé à son projet, il était décidé à renoncer à tout.

Sa femme a, en qualité de lectrice de la princesse, six mille francs de traitement; elle lui a écrit qu'elle était disposée à les partager avec lui.

Le premier jour de son arrivée à Aix, il a été assez froidement reçu par Marie-Louise, parce qu'il proteste n'avoir été chargé pour elle d'aucune espèce de commission, ni verbale, ni écrite. Cependant, Bonaparte avait, avant le départ de M. Hurault, songé un instant à lui remettre quelque paquet; mais, celui-ci déclara à Napoléon que, prêt à sacrifier sa vie, pour lui, comme militaire, en cas qu'il eût à se battre, puisqu'il était à son service, il ne voulait concourir à rien de ce qui pourrait nuire à l'unique but de son voyage qui était de rejoindre sa femme. Bonaparte changea aussitôt l'objet de la conversation.

Le second jour, Marie-Louise, ayant vu Madame Hurault décidée à la quitter plutôt que de se séparer de son mari, le nomma fourrier du palais, d'accord en cela avec le comte Neyperg. C'est donc en cette qualité qu'il comptait partir pour Vienne, lorsque le général Songeau, commandant du département du Mont-Blanc, lui refusa son passeport et lui ordonna de venir le solliciter lui-même à Paris.

M. Hurault, n'ayant pu obtenir de passeport, a pris, à son grand regret, le parti de faire cette course dispendieuse dont il désire ardemment de voir abréger la durée. Il est prêt à se remettre en route, dès qu'il aura son permis, pour rejoindre en Suisse Marie-Louise qui, ayant dû quitter Aix, le 6 septembre, comptait passer quatre jours à Genève, puis aller à Berne et continuer ensuite sa route pour Vienne.

M. Hurault a appris de sa femme que la princesse, sans être réellement malade en ce moment, était atteinte d'une affection qui présentait tous les caractères de la pulmonie (pneumonie).

Son Altesse n'a jamais exprimé l'intention de se rendre à l'Ile d'Elbe, mais elle eût vivement souhaité de résider dans la principauté de Parme, qu'elle semble désormais avoir peu d'espérance de revoir et même de conserver. Elle est réduite à se flatter que son père lui accordera quelque indemnité, s'il lui enlève ses États. D'après Madame Hurault, elle regrette plus sa principauté qu'elle ne pleure son mari. Sa douleur, au moins, est fort calme et ne l'empêche point de s'occuper continuellement de musique, de promenades, de parties de campagne. Elle a même l'air de supporter très bien la séparation de son fils.

Comme l'Archiduchesse est froide, silencieuse et réservée, Madame Hurault n'a pu en dire davantage à son mari sur le genre de politique de son Altesse, ni sur ses rêves d'avenir. Si elle s'en entretient, c'est avec Madame de Brignoles qui a toute sa confiance.

Bonaparte à l'Ile d'Elbe.

La candeur apparente de M. Hurault m'a engagé à le questionner sur le véritable état des choses à l'Ile d'Elbe. Il n'en est parti qu'après le 15 août, jour que la garde de Bonaparte et les habitants de l'île ont célébré sans grand éclat. Tout chez Bonaparte, s'est borné à un *lever* et à une distribution de 15 sols de haute paie pour chaque soldat de sa garde. Cette garde, d'après le récit qui m'est fait, ne dépasse pas 500 hommes avec 60 artilleurs. On a, en outre, remis en activité un bataillon franc composé de deux à trois cents hommes de l'île, mais on ne les paie que lorsqu'ils sont de service.

Bonaparte est devenu très économe; il paraît craindre de manquer d'argent; d'ailleurs, il n'a fait battre aucune monnaie. Il a réglé son budget sur les seules ressources de l'île qui se montent à environ six cent mille francs. Il lui manquait, pour être au pair, une dizaine de mille francs; il les a retrouvés moyennant une réduction sur la solde des quatre capitaines qui commandent ses troupes.

Il s'est mis sur un pied de défense respectable dans Porto-Ferrajo, place capable de soutenir longtemps le siège le plus en règle et l'une des plus fortes de l'Europe, si elle avait une garnison plus nombreuse. Malgré le bruit qui en était répandu, il n'est pas vrai qu'il ait eu à repousser la moindre attaque des Barbaresques. Quant aux croisières anglaises, on n'en voit presque jamais devant l'île.

Bonaparte n'est sorti de son île que pour des courses fréquentes en mer, sur son brick ou dans un canot. Il n'a jamais passé une nuit dehors. Il s'est emparé, dans l'étroit canal de Pimbino, du rocher de la Pianosa où il a fait mettre quelques canons et construire quatre maisons avec un poste d'observation; mais il n'a pas mis le pied sur le continent.

Il ne parle jamais, à moins que ce ne soit dans son intimité composée de sa mère et du général Drouot, ni des Bourbons, ni de la France, ni des puissances du continent, ce n'est que très rarement qu'il prononce le nom de Marie-Louise ou celui de son fils.

Les routes que Napoléon fait construire se bornent à quelques élargissements de sentiers, de manière à pouvoir y parcourir en cabriolet l'espace d'environ deux lieues. Il sort ainsi le matin, dès quatre heures, avec un ou deux domestiques; quelques chevaux le suivent. Il les monte, au milieu des rochers, lorsque la voiture ne peut plus avancer. Il ne rentre qu'après avoir visité les ouvriers, qui travaillent à un palais qu'on construit sur un point très élevé; encore faut-il qu'il soit harrassé de fatigue.

Bonaparte déjeûne entre onze heures et midi; il s'enferme ensuite, presque toujours seul, dans son cabinet et y reste jusqu'au dîner, vers six heures. Les uns disent qu'il y travaille et écrit, les autres qu'il y dort; on ne sait lequel des deux. Il mange presque toujours seul avec sa mère, depuis que Madame Bertrand est arrivée et que son mari habite avec elle.

Après dîner, Bonaparte sort en voiture et descend pour se promener à pied jusque vers dix heures; il rentre alors et joue aux échecs jusqu'à son coucher, vers onze heures.

Peu de lettres et même fort peu de journaux arrivent dans l'île, soit qu'on les intercepte sur le continent, soit que Bonaparte empêche, lui-même, qu'on ne les lui fasse parvenir, afin de ne pas laisser connaître comment on le traite en France.

Quant à sa physionomie, elle n'est ni gaie ni triste et, extérieurement, elle est calme.

Le bruit s'est répandu, parmi la garde, que Bonaparte devait aller en Angleterre et elle en avait conçu de l'inquiétude. Il a fait démentir ce voyage ainsi que tout autre.

L'ex-Empereur circule souvent seul dans Porto-Ferrajo; il parle à ceux qu'il rencontre, entre même dans les boutiques et y cause avec les habitants.

Une police sévère est exercée sur les voyageurs qui arrivent dans l'île, et on ne leur permet de débarquer que lorsque leurs passeports sont en règle. D'abord, Bonaparte se laissait approcher facilement par ces nouveaux venus, puis, il s'est lassé de se donner presque en spectacle à tous ceux qui affluaient. Il est maintenant assez difficile d'arriver à son palais ou, plutôt, à sa petite maison, qui consiste en deux pavillons réunis l'un à l'autre par une bâtisse récente.

L'opinion de la garde de Bonaparte est assez divisée sur son avenir. Les uns le regardent comme fort heureux, s'il peut rester dans son île; les autres s'attendent chaque jour à être, avant peu, rappelés en France. Ils ne sont pas contents du système de lésinerie adopté par leur chef, quoiqu'il s'appuie sur la crainte de ne pas toucher sa pension et de manquer d'argent pour eux comme pour lui (1).

(1) Par le traité signé à Fontainebleau, le 13 avril 1814, l'Empereur, l'Impératrice et tous les membres de la famille impériale

Il vient beaucoup d'Italiens et quelques Français lui demander à entrer à son service, mais il les écarte, la plupart, faute de moyens de payer leur solde.

La princesse Borghèse et sa mère sont les seules personnes qui aient, jusqu'à présent, visité Bonaparte et, encore, la princesse Pauline n'a passé qu'une nuit dans l'île; elle a prétendu que l'air la ferait trop souffrir et elle est partie pour Naples où on la suppose travaillant à quelque rapprochement avec Murat.

Nouveaux détails sur la vie de Bonaparte.

Les détails qui précèdent me sont confirmés par le comte César Berthier, qui avait envoyé à l'Ile d'Elbe un émissaire pour recueillir des renseignements sur ce qui s'y passe. Son rapport est beaucoup moins détaillé que celui que je viens d'avoir l'honneur de soumettre au Roi, mais le fond en est le même.

Suivant l'émissaire du général Berthier, confirmé par le capitaine Hurault de Sorbée, les troupes que Bonaparte a autour de lui ne montent pas à plus de

conservaient leurs titres et leurs qualités. L'île d'Elbe lui était accordée en toute souveraineté, avec deux millions de revenus, dont un reversible à l'Impératrice, et à la charge du gouvernement français.

Cette clause du traité ne fut jamais exécutée et, pendant tout le temps de son séjour dans l'île, Napoléon ne reçut aucun envoi d'argent.

six cents hommes, en y comprenant l'infanterie, l'artillerie et la cavalerie sans chevaux. Elles ont 23 sous de solde et sont commandées par le général Drouot.

Il y a, de plus, un corps franc composé d'hommes de l'île même et qui ne s'élève qu'à trois cents. Il a à sa tête Joseph Guasco, de Bastia. La paie de ces derniers n'est que d'un sol par jour, parce que leur service n'a rien de permanent; ils s'engagent, seulement, à prendre les armes en cas d'attaque.

Les Puissances étrangères n'ont aucune sorte d'agent diplomatique auprès de Bonaparte.

On construit quelques batteries à la Pianosa où Bonaparte aurait l'intention d'habiter une partie de l'année.

Les bruits de l'île sont que le trône d'Italie sera, par suite du congrès, occupé par Bonaparte ou son fils. Cependant, on entretient Bonaparte dans cette idée qu'en France beaucoup de personnes souhaitaient son retour et criaient : « Vive l'Empereur! »

Plusieurs Corses se trouvent à l'Ile d'Elbe; entre autres, les sieurs Poggi, juge à Bastia; Castaneo, d'Ajaccio; Arrighi, grand-vicaire de l'évêché d'Ajaccio, parent du mari de Madame Élisa Bonaparte.

Il est de plus en plus démontré que l'ex-Empereur craint réellement de manquer d'argent et qu'ainsi ses ressources, pour semer le désordre et la trahison, sont bien moins grandes qu'il n'y aurait lieu de le craindre. Cette pénurie de fonds m'est confirmée, d'autre part, par l'aveu que la princesse Borghèse a fait à Naples que son frère n'avait pas, en arrivant à l'Ile d'Elbe, plus de deux millions. Aussi, était-elle fort empressée de savoir si la France payerait à la famille les six millions indiqués par la convention de Fontainebleau (1). Elle a fait demander, par un voyageur, son avis à ce sujet à M. de Metternich. Celui-ci a répondu d'une manière affirmative, sans parvenir à la rassurer entièrement.

M. de Metternich est très bien pour les femmes de la famille Impériale, avec lesquelles il passe pour avoir eu d'étroites liaisons; mais il est l'ennemi personnel de Bonaparte. Il a, aussi, un certain attachement pour Murat et c'est par ce moyen que les liens entre Vienne et Naples ont été particulièrement resserrés.

On paraît, malgré les assertions contraires, compter bien plus à Naples sur l'assistance de l'Autriche que sur celle de l'Angleterre. On y croit le prince Régent très mal disposé pour Murat qui

(1) Ce n'étaient pas six millions que le traité attribuait à la famille de l'Empereur, mais cinq millions cinq cent mille francs ; soit : deux millions à Napoléon et à Marie-Louise; deux millions cinq cent mille francs aux membres de la famille Impériale, et un million à l'Impératrice Joséphine.

aurait, néanmoins, une certaine confiance dans le ministère britannique.

En arrivant à l'Ile d'Elbe, Bonaparte avait tout fait demander à Naples, jusqu'à des meubles, des voitures, des vaches et des chevaux. Or, le duc de Campo Chiara, pendant son séjour à Paris, en convenant de ce fait, a prétendu que le roi Murat n'avait fait aucune sorte de réponse, parce qu'il était résolu à éviter avec Bonaparte toute espèce de relation propre à inspirer des soupçons aux Puissances alliées.

Cependant, si le roi de Naples avait été de bonne foi dans ce système, il n'eût pas reçu à sa cour et n'y garderait pas la princesse Borghèse revenant de l'Ile d'Elbe, celle de ses sœurs que Bonaparte aimait le plus et par laquelle on suppose qu'un rapprochement a été négocié entre eux.

Rapport d'un agent secret à l'Ile d'Elbe.

20 *Septembre* 1814. — J'ai enfin reçu des nouvelles de l'agent secret que j'avais envoyé à l'île d'Elbe. Il paraît avoir eu de la peine à s'y introduire, malgré sa qualité de frère du premier valet de chambre de Bonaparte.

Il m'adresse, jusqu'à la fin d'août, une espèce de journal, dont j'extrais ce qu'il contient de plus important, bien que la plus grande partie de ces détails se trouve déjà à peu près consignée dans mes précédents bulletins.

Le général Bertrand continue les fonctions de grand-maréchal de la maison de Bonaparte, qu'on appelle Palais. Le général Cambri commande les troupes et le général Drouot est gouverneur de l'île; enfin, le colonel Mallet commande la place de Porto-Ferrajo.

Les forces de l'île consistent en 300 grenadiers, 300 chasseurs à pied, la plupart Polonais, 20 canonniers et 12 marins; il n'y a, du reste, dans l'île, ni troupes étrangères, ni commissaires des alliés.

Le 9 août, est débarqué un courrier de Jérôme qui invitait Bonaparte à être parrain de son fils et sa mère à être marraine. Ce courrier devait repartir de suite; on l'a fait attendre cinq jours. Il arrive aussi journellement dans l'île des officiers; entre autres, il en est venu un d'Ajaccio avec une mission secrète, car la Corse semble incliner vers Bonaparte.

On forme deux bataillons sous le titre de *Chasseurs de Napoléon;* mais, j'ai tout lieu de croire que c'est le bataillon franc, composé d'habitants de l'île d'Elbe, qu'on qualifie ainsi.

Des recrutements se font en Corse parmi les jeunes gens; on en voit arriver fréquemment, de même que de l'ancien royaume d'Italie.

Le 11 août, il a paru devant Porto-Ferrajo huit bâtiments turcs; ils y sont resté une heure et ont remis à la voile. C'est, sans doute, ce qui a donné lieu au faux bruit d'une attaque par les Barbaresques.

Bonaparte se lève entre 4 et 5 heures du matin, puis il se promène dans son jardin et sur le port ou visite ses casernes. Après son dîner, il monte en voiture avec un de ses généraux; il est souvent suivi d'une seconde voiture où est sa mère avec deux dames de compagnie. Quelquefois, il va ainsi jusqu'à Porto-Longone où il gagne le sommet des plus hautes montagnes, une lorgnette à la main.

Il n'habite plus l'hôtel de ville de Porto-Ferrajo, car il a acheté une sorte de château qui domine la ville, au dessus du fort de l'Étoile, et qu'il fait embellir.

Le 12 Août, Bonaparte a reçu six lettres : jamais on ne l'avait vu aussi satisfait; il a fait aussitôt lire à sa mère, dans le jardin, deux de ces lettres. Le général Bertrand se trouvait là et Madame Lœtitia lui a dit : « Nous ne sommes pas pour longtemps ici ». La même opinion a été répétée par plusieurs officiers de la garnison.

Le bruit qui court dans l'île est que la Russie et la Turquie vont déclarer la guerre à l'Autriche et qu'il est possible que l'Espagne entre en hostilités avec la France.

Le 13 Août, Bonaparte n'est pas sorti; il a travaillé dans son cabinet avec le général Bertrand. Le lendemain, quoique levé dès quatre heures et demie, il n'est sorti qu'après dîner et était rentré vers sept heures. Il en a été de même le jour suivant.

Les loyers sont horriblement rares et chers à Porto-Ferrajo; tout y est au poids de l'or. Un seul cabinet, dans un petit cabaret, coûte 70 francs par mois.

Le 19, il est arrivé de Parme un officier avec trois lettres de Marie-Louise; Bonaparte lui a donné le grade d'officier dans sa garde, mais seulement avec la paie de sergent-major; ce qui indique une sévère économie ou le manque d'argent.

Le lendemain, le brick de Bonaparte est parti pour Gênes avec un officier et vingt-cinq grenadiers. On s'était alors flatté de l'espérance que ce navire allait chercher Marie-Louise qui se rendrait dans l'île pour la Saint-Napoléon; mais il paraît que son père s'y est opposé.

Le 25 Août, il y a eu messe au château; toute la maison y a assisté. Après la messe, on a fait battre à l'ordre qu'il était défendu à tout militaire de parler politique dans un endroit public.

Un officier a reçu une lettre d'un de ses camarades au service du roi Murat. Cet officier écrit qu'ils sont en guerre avec le pape et que leur avant-garde serait déjà à Terracine. J'ajoute que ce bruit est trop absurde, dans les circonstances actuelles, pour qu'on puisse y croire.

Les appartements de Bonaparte sont d'une extrême simplicité; il couche dans son ancien lit de campagne et n'en veut pas d'autre. Il travaille assez souvent dans son cabinet avec le général Bertrand.

Les grenadiers de la garde s'exercent presque tous les jours à la manœuvre du canon. Ils avaient commencé quelques ouvrages de défense dans l'île de la Pianosa; on leur a donné l'ordre de cesser ce travail.

En résumé, il est bien difficile d'en savoir davantage sur ce qui se passe autour de Bonaparte et sur ses occupations. Il est accoutumé au mystère et à la défiance et ne se laisse pas approcher, encore moins pénétrer. On ne peut s'ouvrir à personne dans sa maison, ni même dans l'île; les habitants y sont méfiants et même méchants.

26 *Septembre* 1814. — Mme la baronne de Staël, depuis son retour de sa terre de Coppet, habite le château de Clichy qui appartient à Mme Récamier, avec qui elle est tendrement liée. Elle se propose de faire l'acquisition de cette maison. En conséquence, il n'y a plus de doute sur le dessein de Mme de Staël de passer l'hiver à Paris et l'été tout près de la barrière, tant l'air de la capitale est nécessaire à son existence! Madame de Staël.

Mme de Staël rapporte à Paris son esprit, ses propos, sa dévorante activité. Elle fait par jour vingt visites, reçoit quarante personnes, provoque autour d'elle le fracas des opinions opposées et s'établit au centre avec une sorte de délice. C'est là qu'est son empire; c'est le regret de cette position qu'elle a promené dans toute l'Europe et qui lui faisait répéter « qu'elle donnerait tous les fleuves du monde, pour le ruisseau de la rue du Bac! »

Elle a déjà donné un dîner auquel ont assisté MM. de Chateaubriand, Benjamin Constant, de Volney, de Montmorency; en femmes, il y avait Mme Récamier et la princesse de Talleyrand. Le reste des convives était composé d'Anglais et d'Anglaises. La conversation a été ce qu'elle est communément chez Mme de Staël : un composé d'idées chimériques en fait de gouvernement et de paradoxes en littérature, le tout semé de traits assez brillants sur les choses et non moins piquants sur les personnes.

Déjà, les personnages marquants de la cour se portent en foule à son école; les vétérans de la République n'y sont pas moins empressés et c'est chez elle, surtout, que la noblesse ancienne reprend ses droits et que la nouvelle conserve les siens.

Pendant le mois d'Août, elle visitait Joseph Bonaparte à sa terre de Prangins et a, plus d'une fois, dîné chez lui. Pendant le mois de septembre, elle aura été à la cour de France et il n'aurait manqué à la piquante universalité de Mme de Staël que d'avoir fait un petit tour à l'Ile d'Elbe, avant de se rendre à Paris.

On ne peut pas se dissimuler que Mme de Staël, être privilégié à beaucoup d'égards, ne soit une puissance. Malheureusement, c'est une puissance née dans l'opposition et pour l'opposition. Espérons qu'elle sera convertie au gouvernement par son goût pour la liberté, puisque jamais la France n'en a eu de plus réelle et de plus étendue que depuis six mois. Son esprit frondeur et fécond en traits qui restent, cédera, sans doute, devant la haute générosité du Roi qui a ressuscité, pour l'acquitter personnellement, une dette contractée par le gouvernement ancien envers M. Necker, quoique le Roi eût pu ne pas traiter l'héritière de ce ministre autrement que tant de Français qui ont aussi perdu leurs dettes sur l'État, par l'effet des faux calculs de l'imprévoyance et des écarts désastreux du père.

Bruit de la déportation de Bonaparte à Malte.

On répétait aujourd'hui, dans Paris, que Bonaparte avait été enlevé de l'Ile d'Elbe et conduit à Malte. Il en a été parlé à M. le duc de Wellington, qui a répondu n'avoir aucune nouvelle de ce genre.

Je n'y aurais pas, moi-même, donné plus d'attention qu'à cent autres bruits qui naissent le matin pour mourir le soir, si je ne trouvais la même assertion consignée dans une lettre de M. le préfet du Var.

Cependant, si un fait de cette importance était exact, je ne puis croire que l'agent secret que j'ai à l'Ile d'Elbe ne se fût pas empressé de m'en donner connaissance.

Les Bonapartistes se bercent, entre eux, d'une chimère toute contraire. Ils rêvent que les courtoisies que Bonaparte affecte de prodiguer aux Anglais, depuis qu'il n'ose et ne peut plus les accabler d'outrages et de calomnies, n'auraient pas été sans quelque succès auprès du ministère britannique et qu'il aurait la folie de compter, au congrès de Vienne, sur quelque assistance de la part des Anglais pour améliorer son sort et obtenir quelque indemnité territoriale, en remplacement de la pension, au paiement de laquelle il ne croit plus ou croit fort peu.

Mauvais esprit des troupes.

27 *Septembre* 1814. — Il m'est pénible d'avoir à opposer au tableau de joie et d'affection que présente la majeure partie de la population, les dispositions vraiment affligeantes et peut-être incurables de l'esprit militaire. Partout, le simple soldat montre un front hargneux et réchigné, partout des mouvements d'humeur et des signes d'infidélité lui échappent ; on croit lire sur son visage la contrainte qu'il éprouve et le désir qu'il aurait de revenir au culte de Bonaparte.

Le temps, une bonne discipline et une bonne

composition d'officiers supérieurs, remédieront sans doute, peu à peu, à ces dispositions de l'armée.

Symptômes inquiétants dans la Haute-Saône.

Toujours est-il que, dans le département de la Haute-Saône, on voit sur les routes des enfants de dix à quinze ans courir après les voitures qui passent et crier : « Vive l'Empereur Napoléon! » Ce sont pourtant des conscrits que Bonaparte aurait dévorés dans trois ou quatre ans! D'où vient donc cette frénésie? Il est probable, au surplus, que la plupart de ces cris s'adressent à des hommes qu'on prend pour des officiers.

Cependant, dans tous les arrondissements particuliers et dans toutes les villes où les procureurs du roi et la police ont montré de l'énergie et déployé une prompte vigueur pour soutenir les exercices des droits réunis, les troubles et les émeutes populaires se sont apaisés de suite, presque sans difficulté; c'est que le peuple est toujours audacieux quand l'administration est timide, et toujours timide quand elle est forte et sévère.

La gendarmerie n'a qu'un excellent esprit; c'est l'arme la plus sûre, celle dont la fidélité est la moins équivoque.

Le préfet de la Haute-Saône me fait savoir qu'il croit que, dans son département, l'ancien parti républicain appartient encore à Bonaparte, sinon par une affection prononcée, au moins par des regrets qui dureront encore quelque temps. Ce parti a été nombreux dans le pays, mais, aujourd'hui, il se tient à l'écart et sur la réserve. Toutefois, il y a dans les campagnes des gens qui cherchent à accréditer l'idée que l'affaire des biens nationaux n'est pas finie. C'est peut-être pour alarmer les paysans et les décider à faire bon marché de ces biens.

Bulletin de l'Ile d'Elbe.

28 *Septembre* 1814. — Le général comte Berthier, qui commande encore en Corse, jusqu'à l'arrivée du général Bruslart, m'a adressé, sur l'état des choses à l'Ile d'Elbe, des renseignements recueillis par quelques agents secrets qu'il y avait envoyés. Je me borne à les transcrire, tels que je les reçois :

Depuis quelque temps, Bonaparte a quitté Porto-Ferrajo et a fait établir sur les hauteurs de Marciana une tente avec une marquise où il habite pendant les chaleurs. Sa mère continue à résider à Marciana. Bonaparte monte à cheval tous les jours pour aller la voir et il dîne souvent avec elle.

Il n'a pour escorte que quatre mameluks à cheval, qui ne le quittent pas. Il s'embarque, aussi, souvent pour se faire transporter de l'autre côté de l'île où il monte en voiture pour se rendre chez sa mère.

Madame Lœtitia ne sort presque pas et paraît tranquille. Elle a avec elle M. Ramolino, d'Ajaccio, arrivé depuis peu de temps.

Bonaparte est, pendant des semaines entières, pensif et parlant peu; puis, d'autres jours, il est très gai. Sa garde a souvent, comme lui, l'air triste et mécontent; on dit même que plusieurs soldats ont témoigné le désir de rentrer en France. D'autres se bercent de vains bruits et se flattent que Bonaparte sera roi d'Italie. Ce bruit se répand même beaucoup en Corse.

On dit aussi que Bonaparte quittera l'Ile d'Elbe au moment où l'on y pensera le moins et qu'il se tient sur ses gardes dans la crainte d'être assassiné ou empoisonné; aussi, est-il très difficile, depuis quelque temps, de l'approcher et d'avoir avec lui des conférences.

Beaucoup d'officiers italiens, romains et corses, qui ne sont pas employés, ont été lui demander du service et il a répondu qu'il n'en avait pas à leur donner.

Les 260 hommes qui formaient le noyau du bataillon corse que Bonaparte avait à son service, diminuent tous les jours, sans qu'il y ait des remplacements; ainsi, récemment, 14 soldats en ont déserté et sont rentrés en Corse. S'il y avait plus de bateaux sur la côte de l'île, beaucoup d'autres retourneraient aussi sur le continent. Neuf d'entre eux ont été arrêtés, désertant avec armes et bagages; livrés à un conseil de guerre, six ont été condamnés à mort, mais, Madame Lœtitia ayant demandé leur grâce, Bonaparte l'a accordée. Cependant, il a fait réunir ce bataillon corse et a déclaré que tous ceux qui ne le servaient pas de bonne volonté n'avaient qu'à sortir des rangs. Les officiers ont retenu les soldats et peu sont sortis.

Des Corses qui ont été à l'Ile d'Elbe, pour affaires d'intérêt et avec une permission, n'ont pu arriver à voir Bonaparte qu'à la promenade et ils ne lui ont pas parlé. Pourtant, il s'intéresse toujours à son pays et demande souvent s'il est tranquille.

Enfin, des lettres que je reçois de Florence et qui vont jusqu'au 11 de ce mois, n'annoncent aucun changement dans la situation des choses à l'Ile d'Elbe.

Ce silence suffit pour infirmer les bruits qui ont récemment couru dans le midi de la France, et notamment à Toulon, sur l'enlèvement ou sur l'évacuation de Bonaparte. Si une pareille nouvelle avait eu le moindre fondement, elle eût de suite retenti dans toute l'Italie où la fermentation des esprits paraît croissante. Le système de l'indépendance italienne sous un seul gouvernement y gagne beaucoup de partisans; ce n'est aujourd'hui qu'une des formes du Bonapartisme. La question sur laquelle on n'est pas d'accord, c'est la plus ou moins bonne intelligence entre Bonaparte et Murat.

Les immenses recrutements de ce dernier continuent et on n'en conçoit pas l'objet en l'entendant se vanter d'être également sûr de la protection de l'Autriche et de celle de l'Angleterre. A quoi donc sont destinées ces troupes, s'il n'a pas d'ennemis à redouter ni par mer ni du côté du Pô?

Je crois devoir joindre aux détails qui précèdent le contenu d'une lettre que je viens de recevoir de Porto-Ferrajo, m'annonçant que, depuis quelques jours, la police de Bonaparte vient de s'armer d'une grande sévérité, sans qu'on en connaisse le motif. Les étrangers arrivant dans l'île n'ont la faculté d'y rester que trois jours, au plus, et ceux qui y résidaient déjà ont reçu l'ordre d'en sortir, dès qu'ils auront trouvé un moyen de passage.

Une felouque qui s'était présentée avec trente-deux passagers venant de Livourne, a reçu l'ordre de rebrousser chemin de suite, à l'exception de quatre Anglais qui ont obtenu l'autorisation de demeurer huit jours dans l'île.

Bonaparte est revenu, le 4 octobre, de Porto-Longone où il avait passé huit jours et il est reparti de suite pour la Pianosa. Il a reçu, il y a déjà quelque temps, un Suisse porteur d'une lettre de son frère Jérôme. Le courrier avait été la lui remettre à Longone, où il se trouvait alors et il était reparti au bout de deux jours avec une réponse, mais rien n'avait transpiré sur l'objet de ce message. On sait seulement que Bonaparte avait fait cadeau d'une montre à cet émissaire.

Le 9 septembre, le brick de Bonaparte a été attaqué par deux pirates algériens, qui ont disparu après l'échange de quelques boulets.

Le bruit court, dans la garde, qu'avant l'hiver, la moitié du bataillon partira pour Milan ou pour Florence et qu'il ne restera à Porto-Ferrajo que la seconde compagnie de chasseurs.

Ce bruit est-il une fable? Tient-il à un projet réel ou à la nécessité de congédier une partie des troupes, parce que l'argent manque pour les payer?

L'armée et le peuple à Paris.

6 *Octobre* 1814. — J'ai reçu une dénonciation assez détaillée sur une distribution d'argent qu'on dit avoir eu lieu dans Paris, à des militaires, du côté de la rue Neuve des Petits-Champs.

Toutes les mesures sont prises pour savoir ce qu'il peut y avoir de fondé dans cette allégation. J'ai secrètement placé des agents dans l'intérieur et aux alentours de la maison où l'on dit que se fait cette distribution. Tout est préparé pour savoir si cette nouvelle est exacte, à quoi ce fait se rattacherait et de quelles mains partiraient ces sommes.

En cas de la moindre présomption vérifiée, je

n'hésiterais pas à faire arrêter de suite tous ceux qui seraient complices, plus ou moins directs, d'une telle manœuvre.

C'est vers les militaires et vers leurs dispositions équivoques que doit, plus que jamais, se diriger la plus active surveillance, parce que ce n'est guère que d'eux et par eux que pourrait venir le danger d'agitations ou de complots. On se dissimulerait en vain que leur esprit s'exalte, comme celui de leurs chefs. Ils cachent mal leur mécontentement sous les beaux mots d'honneur national compromis et d'influence étrangère à écarter. Ils sont, au fond, tourmentés par l'impatience du repos qu'ils souhaitaient tant, il y a quelques mois, et par les rêves d'ambition dont ils ont contracté l'habitude; enfin, par une cupidité nourrie du pillage de l'Europe et des profusions de l'ancien gouvernement.

Eux seuls, aujourd'hui, deviendraient des instruments de troubles et de révolution, si leurs chefs parvenaient à s'entendre, ce qui est heureusement presque impossible.

Le bas peuple, le peuple des classes ouvrières est las, dégoûté et ne veut plus se réunir pour aucun parti. Il s'est vu trop souvent trompé par ceux qui l'ont, autrefois, poussé à tous les excès; il est guéri des chimères dont on l'a bercé et ne songe qu'à ses travaux et à ses moyens d'existence.

L'espèce même d'égoïsme auquel il a été amené à force de malheurs et la servile obéissance à laquelle l'avait plié le joug de Bonaparte sont, pour le gouvernement, la plus forte garantie de sa tranquillité, qui est complète dans la capitale, plus encore que dans les départements.

Mais, aussi, il serait imprudent de compter, de sa part, sur la moindre assistance, si des intrigues du dedans ou du dehors venaient jamais à soulever les troupes, parce que le peuple resterait presque partout spectateur passif des événements et laisserait vraisemblablement les querelles se vider entre ceux qui ont la force, l'audace et l'usage des armes.

L'armée est empreinte encore de beaucoup d'éléments révolutionnaires; elle les a secoués sur l'Europe pendant qu'elle y a dominé et les a reportés dans l'intérieur, avec un orgueil et des prétentions que ses désastres même n'ont pas diminués. Elle n'est point encore entièrement conquise à la monarchie légitime, malgré tout ce que le Roi a fait pour elle.

C'est donc sur elle qu'il importe d'avoir sans cesse les regards fixés, pour lui épargner, autant que possible, les prétextes d'humeur et de plaintes, puisque, en admettant la possibilité de quelque soulèvement de sa part, on ne saurait que lui opposer.

Il faut, malheureusement, reconnaître que cet esprit révolutionnaire règne encore dans beaucoup de parties de la France; ainsi, je viens d'apprendre que quelques cris de : « Vive l'Empereur! » ont été entendus, ces jours derniers, dans les rues de Brest. On les attribue, il est vrai, à des prisonniers revenus d'Allemagne.

Les officiers qui reviennent isolément répandent aussi des chansons séditieuses dont on a, jusqu'ici, en vain cherché à découvrir les auteurs. Elles sont répétées surtout par les militaires réformés qui semblent croire n'avoir plus rien à perdre et dont l'espérance est dans les changements. Leur haine, surtout, se manifeste contre tout ce qui indique le retour aux idées religieuses et contre ce qui peut rendre quelque influence au clergé. La guerre est leur vœu le plus ardent; on assure même que, lors de la formation des nouveaux régiments, les officiers supérieurs ont dit aux congédiés, rassemblés en cercle : « Consolez-vous, Messieurs, nous aurons bientôt la guerre ».

Quant aux officiers de marine, ils demeurent encore plus étrangers que les autres au nouveau système. La scission entre les anciens nobles et ceux qui ne le sont pas est de plus en plus prononcée; enfin, le désarmement des vaisseaux afflige et on ne manque pas de l'attribuer à l'influence anglaise.

Bruit d'un voyage de Marie-Louise à l'Ile d'Elbe.

11 *Octobre* 1814. — Malgré les très fortes raisons qu'on a de douter que l'archiduchesse Marie-Louise ait pu se soustraire assez de temps à ses surveillants, pour aller passer quelques jours à l'Ile d'Elbe, on serait tenté de se laisser ébranler par l'obstination avec laquelle on soutient en Toscane qu'elle y a été. Ce qui ajoute, cependant, à l'extrême invraisemblance de ce voyage, c'est qu'on le lui fait faire, maintenant, avec son fils qui n'a pas quitté Vienne.

Le préfet du Var, après avoir vu que c'était une Polonaise de qualité (1) qui avait paru à Porto-Ferrajo, en revient à Marie-Louise, par suite de nouveaux renseignements que lui a donnés un capitaine de vaisseau parti, le 29 septembre, de l'Ile d'Elbe. Cet officier affirme, positivement, que la princesse a été vue, avec son fils, à Marciana puis à l'Ile d'Elbe.

« Bonaparte, dit-il, avait pris les plus grandes précautions pour tenir cette entrevue secrète. Les habitants de Marciana voulurent illuminer ; il ordonna le contraire et deux individus furent arrêtés pour avoir contrevenu à cette défense.

(1) Il est fait allusion, dans ces lignes, à la visite que la comtesse Walewska fit à l'Empereur, avec son fils, dans le mois de septembre. Elle ne débarqua pas à Porto-Ferrajo, mais aborda près de Marciana, où Napoléon vint la rejoindre et resta avec elle deux jours, après lesquels elle le quitta.

« L'enfant, que tout le monde a vu, avait un uniforme, deux épaulettes de colonel, et un sabre ».

Ce capitaine a dit aussi que Bonaparte, à partir de ce moment, aurait suspendu les travaux de Porto-Ferrajo et fait passer beaucoup de fonds à Naples. Des caisses de numéraire auraient été, dans ce but, conduites à Livourne et un négociant de la ville se serait chargé de les faire passer à leur destination. Enfin, il a répété que les Corses, qui s'étaient d'abord enrôlés dans le corps franc levé par Bonaparte, désertaient journellement parce qu'ils trouvaient leur paye trop faible.

14 *Octobre* 1814. — Sans croire aux dangers dont une certaine fermentation dans les esprits paraît le signal, pour beaucoup de personnes qui ont oublié quels étaient les symptômes précurseurs de nos anciennes secousses politiques, j'ai prescrit tous les genres de précautions et de surveillance, surtout pendant la nuit.

Mesures prises pour assurer l'ordre dans Paris.

J'ai chargé M. le lieutenant-général, colonel d'armes de Paris, sur le zèle et sur la fidélité duquel le Roi peut entièrement compter, de parcourir lui-même, tous les soirs avant minuit, les rues et les places publiques pour juger par ses propres yeux s'il entreverrait quelques indices inquiétants et m'en informer de suite.

Le Palais-Royal étant le principal rendez-vous où les militaires mécontents se réunissent et où ils se rallieraient pour s'entendre, s'ils projetaient quelque coup de main, j'y ai fait placer des observateurs attentifs qui me rendraient, aussitôt, compte de tout ce qu'ils remarqueraient d'extraordinaire.

Quelques mots échappés aux agitateurs ayant indiqué la place de la Bastille comme commode pour point de rassemblement éventuel, sans doute à cause du voisinage de l'arsenal où il y a de l'artillerie, j'en fais éclairer avec soin les environs, depuis le soir jusqu'à la pointe du jour.

Les dehors des casernes sont, aussi, surveillés par mes agents pour m'assurer qu'on n'y remarque aucun préparatif. L'intérieur de ces mêmes casernes appartient à l'autorité militaire qui, seule, a le droit d'y pénétrer. C'est à elle à savoir ce qui s'y passe et à en répondre.

Des patrouilles de la garde royale de Paris circulent sans cesse dans les principaux quartiers et avertiraient leurs chefs au moindre mouvement qu'elles apercevraient, parce que, s'il y a quelque chose à craindre, ce serait presque uniquement de la part d'une poignée d'anciens Jacobins et des militaires qu'un chef factieux appellerait tout à coup à quelque tentative nocturne.

Je n'entrevois pas d'autre chance possible; elle

est, heureusement, bien invraisemblable, mais c'est la seule que les imaginations les plus inquiètes puissent rêver sans avoir, jusqu'ici, à l'appuyer d'aucun fait réel, d'aucune apparence grave.

Je supplie le Roi d'être convaincu qu'en lui montrant ainsi une partie des mesures que je multiplie sur tous les points, je n'ai nulle raison de les regarder comme urgentes ni comme indispensables; mais je désire que la juste sécurité de S. M. se repose sur les précautions excessives que j'emploie et sur celles qu'y ajoute, de son côté, l'autorité militaire.

Tout le mal qu'on semble se plaire à exagérer est dans l'opinion qui se tourmente de conjectures sur l'avenir, bien plus qu'elle ne s'irrite d'accusations puisées dans le présent. On parviendra à la calmer par cette modération dans les mesures dont le Roi offre si sagement l'exemple, par plus de discrétion dans les espérances que l'on compromet par cela seul qu'on les affiche avec jactance, par des égards pour les préjugés mêmes qui sont nés de la Révolution et qu'on aurait tort de croire tous étouffés.

La violence que quelques personnes, plus enthousiastes que savantes dans nos circonstances, invoquent, souvent, comme remède, ne ferait qu'aigrir des esprits auxquels on fournirait ainsi la matière de nouvelles plaintes et de nouvelles frayeurs.

Nouvelles de l'Empereur.

16 *Octobre* 1814. — Deux mameluks qui viennent de débarquer à Marseille, en quittant l'Ile d'Elbe, ont été interrogés par le préfet.

L'un, nommé Barthélemy Corpi, âgé de 38 ans, a déclaré qu'il avait, dans le courant de mai dernier, quitté à Fontainebleau le service de Bonaparte. Il se retira, dès lors, à Marseille, avec sa femme et ses enfants et y vivait du produit de sa pension de retraite; il avait vendu deux chevaux à un lieutenant de son régiment et c'est pour en obtenir le paiement qu'il se rendit, au mois de juillet, à l'Ile d'Elbe, où il séjourna quelque temps.

Durant cet espace, il a vu, dit-il, une seule fois Bonaparte à Porto-Ferrajo. Celui-ci lui demanda d'où il venait et ce qu'on disait de lui à Paris et à Marseille? Barthélemy assure qu'il lui répondit que « chacun en parlait à sa manière » et que Bonaparte parut offensé de cette réponse et se retira brusquement avec beaucoup d'humeur.

Il se trouvait à Porto-Ferrajo, le jour de la fête de Napoléon. Il avoue avoir été invité, par des officiers de son ancien corps, à un banquet splendide; Bonaparte n'y parut pas, mais il alla visiter la table des soldats. Cette indifférence mécontenta beaucoup les officiers, qui se plaignirent encore davantage de ce qu'on ne leur avait pas fait donner un mois de gratification, comme c'était l'usage en France.

D'après ce mameluk, la garde de Bonaparte se compose de 850 hommes; on aurait essayé, en outre, de former un corps franc de Corses, mais on n'aurait pu le compléter et il diminuerait tous les jours par la désertion.

Les soldats de la garde de Bonaparte paraissent, depuis quelque temps, se dégoûter de son service et parlent de rentrer dans leur patrie. Ils sont humiliés de l'obligation qu'on leur impose de travailler comme des mercenaires, quoiqu'on leur donne 30 sols par jour, outre leur paye; j'ajoute que cela me semble très peu probable.

La mère de Bonaparte est logée dans une maison particulière, près de lui. Chaque jour, il parcourt l'intérieur de l'île; il part de grand matin, emportant sa lunette d'approche, il visite ses ateliers et les salins qu'il a presque tous achetés. Il va chez les paysans, boit et mange quelquefois avec eux, rentre vers les onze heures pour déjeûner, ressort l'après-midi et ne revient plus qu'à la nuit avancée, tantôt en voiture, tantôt par mer.

Bonaparte et les siens ne manifestent pas l'espoir d'être jamais rappelés en France, mais ils n'usent point de la même réserve pour l'Italie, car ils se bercent de l'illusion qu'au congrès de Vienne le trône d'Italie lui sera rendu et que son beau-père et Marie-

Louise plaideront sa cause, en ce sens, auprès des souverains alliés.

D'autre part, mon agent dans l'île me mande, à la date des premiers jours du mois, qu'il est récemment arrivé soixante Polonais, qu'on croit revenus de Parme, où ils avaient été envoyés lorsque l'ex-Empereur comptait y voir venir l'archiduchesse Marie-Louise.

Il n'y a rien de changé, jusqu'à présent, dans la manière d'être de Bonaparte, si ce n'est l'heure de son coucher qui est, maintenant, de 9 à 10 heures et de ses promenades qui se font beaucoup plus tôt, dans l'après-midi. Le principal but de ses courses est, à présent, vers sa maison de campagne située à San Martino, à un mille et demi de Porto-Ferrajo.

Les chevaux des Polonais revenus de Parme ont été pris pour le service personnel du souverain; cependant, sur ce nombre, il en a envoyé 36 à la Pianosa, peut-être pour les y faire vivre plus aisément, à cause de l'extrême rareté des fourrages dans l'Ile d'Elbe, peut-être aussi pour les avoir plus près du continent, s'il éprouvait le besoin de s'y enfuir, afin d'échapper à quelque coup de main ou à quelque enlèvement qu'il pourrait craindre, à en juger par les inquiétudes dont il paraît agité depuis quelque temps.

Ce sont des ingénieurs et des Polonais qui font maintenant l'exercice du canon et remplacent la plupart des grenadiers et des chasseurs qui montrent un grand dégoût et n'ont d'autre désir que de rentrer dans leur pays. Un de leurs plus grands griefs est le système d'économie qui devient chaque jour plus sévère, comme si l'on avait peur de manquer d'argent dans l'île.

Ainsi, après avoir affecté le ton et le faste d'un souverain, Bonaparte semble se rapprocher de la condition d'un riche bourgeois, soit parce qu'il n'a plus de fonds pour continuer ses dépenses, soit pour donner le change sur ses vues secrètes, par une simplicité affectée qu'il jugerait propre à en imposer au Congrès dont il a l'air de redouter vivement les résultats.

Ces renseignements confirment l'idée que j'ai déjà eu l'honneur d'exprimer au Roi, que Bonaparte redoute l'issue des négociations et n'ose, pendant qu'on agite son sort définitif, se permettre aucun mouvement, au moins ostensible. Il sent, probablement, que ce serait provoquer, lui-même, un arrêt de réclusion ou de déportation.

L'agitation même qui se manifeste en Italie et à laquelle son nom n'est pas étranger doit être, sous ce rapport, pour lui, un motif d'alarme, parce qu'elle avertit l'Autriche du danger d'un tel incendiaire, à côté d'un volcan en fermentation. Le calme, au moins extérieur, de ceux qui étaient ses principaux séides et de ceux qu'on peut réputer les mieux disposés en sa faveur parmi nous; leur apparente résignation, leur dispersion dans leurs campagnes ou dans les départements, leur peu d'empressement à se réunir à Paris, malgré la saison qui s'avance, sont des indices de plus de l'inaction de leur ancien maître et de sa frayeur qu'on n'offre aux Puissances de nouveaux motifs de l'éloigner à jamais de l'Europe qu'il a tant tourmentée!

Aussi, nul d'entre les membres de la famille de Bonaparte ne fait-il parler de ses agitations ou de ses mouvements.

Joseph s'est enfoncé dans la Suisse, au premier vœu que lui en ont manifesté les magistrats du pays de Vaud, dans la crainte, probablement, de donner de l'ombrage à la cour de France et de justifier ses réclamations au Congrès.

Louis est allé à Rome auprès de son frère Lucien, devenu le courtisan le plus empressé du Pape, avec le cardinal Fesch.

Madame Bacciocchi, avec son mari, vit en bourgeoise à Bologne, tandis que Murat épuise les caresses et les flatteries auprès des Alliés pour les tromper sur le scandale de son usurpation.

Je n'en conclus nullement que le Bonapartisme ne

soit point à surveiller de très près et même à redouter, sous divers rapports, puisque l'esprit de l'armée ne s'améliore que lentement, surtout celui de la foule des officiers réformés. Mais je dois dire au Roi, parce que c'est la vérité, que quelles qu'en soient les causes, dont le temps dévoilera peut-être le secret, le Bonapartisme semble dormir en ce moment, ou, au moins, redouter toute explosion.

Je pense donc que la dernière crise d'opinion qui s'est manifestée par de nombreux libelles se rattacherait plutôt à des essais de Jacobinisme révolutionnaire ou d'Orléanisme déguisé.

Cris séditieux poussés lors du passage des troupes près de Mâcon.

30 *Octobre* 1814. — Un incident qui vient de se produire, dans le département de Saône-et-Loire, démontre pleinement ce que je disais au sujet du mauvais esprit que les troupes manifestent à toute occasion.

Le 2e régiment d'artillerie légère, qui vient de traverser ce département, n'a pas manqué de manifester son hostilité en passant dans certaines villes. Ainsi, en arrivant à Tournus (1), les trompettes ont sonné un air de couplets sur Bonaparte dont le refrain est : « Il reviendra ». Aussitôt, un grand nombre de jeunes gens des deux sexes ont répété ce re-

(1) Chef-lieu de canton à 24 kilomètres de Mâcon.

frain et le régiment a été suivi, pendant près d'une heure, par une vingtaine de jeunes gens qui, regrettant sans doute de n'avoir pas été dévorés par la conscription, criaient le long de la route : « Vive Napoléon! Vive l'Empereur! »

Des cris de « Vive le Roi! » étant partis d'une maison voisine, un des trompettes, qui marchait à 40 ou 50 pas en avant, a répondu par les propos les plus orduriers contre le gouvernement.

Les officiers ne paraissent avoir rien fait pour empêcher ces provocations séditieuses. Au contraire, deux d'entre eux avaient manifesté de mauvaises dispositions en arrivant à Tournus et, par une coupable dérision, ils s'étaient abordés en se donnant le nom de deux princes de la Famille Royale.

Bulletin de Paris.

8 *Novembre* 1814. — L'enthousiasme si vif et si unanime qui a éclaté ce soir, au sein de l'immense réunion de ce que Paris offre de plus distingué, est un plus sûr thermomètre de l'opinion publique que tant de rapports équivoques ou mensongers par lesquels on calomnie trop souvent la Capitale.

Cette assemblée, heureuse de voir son Roi, était, pour ainsi dire, investie d'une autre assemblée extérieure, exprimant le regret de ne pouvoir partager le même bonheur. Il n'a échappé à personne que, quelque auguste que fût l'entourage de S. M., toutes les acclamations, tous les hommages ont été presque exclusivement dirigés vers le Roi.

C'est un nouveau témoignage à joindre aux preuves, qui se multiplient chaque jour, que l'amour porté au Roi est aussi général, aussi vivant dans les cœurs que lorsque, pour la première fois, il se montra aux vœux de ses sujets.

Cette conviction m'arrive de toutes parts; c'est dans le Roi qu'est essentiellement la confiance nationale; c'est sur son invariable sagesse et sur la supériorité de ses lumières que reposent les espérances des peuples.

Nulle influence, nulle popularité ne peut balancer celle qu'il a conservée tout entière; mais cela n'est que de la reconnaissance, de la justice, pour tout le bien qu'il a déjà fait et entre dans les convenances autant que dans les véritables intérêts de la monarchie.

15 *Novembre* 1814. — Rien de nouveau à l'Ile d'Elbe, m'écrivait, le mois dernier, un de mes agents. On y est toujours dans le repos et dans l'attente. Bonaparte a reçu, récemment, une lettre d'un duc de Milan que l'on suppose être M. de Melzi, créé par lui Duc de Lodi. Il est arrivé, aussi, deux Anglais assez distingués dont il a été impossible de savoir les noms, ainsi qu'un capitaine de vaisseau français et

Nouvelles de l'Ile d'Elbe.

un commissaire; ils ont eu tous des conférences avec Bonaparte.

La dernière fois qu'il a fait manœuvrer sa garde, l'ex-Empereur lui a reproché de ne pas faire l'exercice aussi bien qu'à Paris. Au reste, plusieurs grenadiers ont demandé à s'en aller en France et beaucoup d'autres n'attendent que le résultat du Congrès pour prendre un parti.

Il y a peu de temps, Bonaparte a été à bord d'un brick anglais sur lequel était arrivé Lord Campbell avec lequel il cause beaucoup et qu'il traite fort bien. Ainsi, il lui donne chaque jour des chevaux pour se promener et un valet de pied pour l'accompagner.

Le climat de l'île lui convient très bien; il se lève de grand matin et se couche assez tard. Il paraît plus content qu'il y a quelques semaines, sans qu'on sache pourquoi; il paraît même plus gai que de coutume et chantait, en se promenant, ces jours derniers, dans son jardin.

A Livourne, on attend avec une impatiente curiosité ce que le Congrès prononcera sur le sort de Bonaparte. Il est si haï dans cette ville, dont la prospérité renaissante contraste avec l'extrême misère à laquelle il l'avait condamnée, qu'on ne le verra jamais envoyé assez loin.

Le grand-duc de Toscane, lui-même, ayant conservé de Léopold (1) l'habitude de n'avoir presque pas de troupes, semble redouter encore un pareil voisin qui, après l'avoir promené d'État en État, l'avait humilié au point de l'obliger à être parrain de son fils et à remplir presque les fonctions de chambellan auprès de Marie-Louise.

On suppose, à Livourne, que le plus ou moins de bonne foi avec laquelle la cour de Vienne se prêtera à l'éloignement de Bonaparte, éloignement qu'on dit vivement demandé par la France, donnera la véritable mesure de ses dispositions envers les Bourbons. Car, si elle s'obstinait à le faire laisser à l'Ile d'Elbe, malgré le danger dont sa présence peut menacer la tranquille possession de l'Italie, c'est qu'elle consentirait à être, encore une fois, trompée par ses fallacieuses promesses et elle se croirait sûre que Bonaparte n'a pas de vues contre la tranquillité de ces pays.

L'étrange alliance qui paraît exister toujours entre la cour de Vienne et Murat, est, aux yeux de bien des personnes, un grave préjugé sur cette question. On ne comprend pas bien quelle politique peut décider l'Autriche à sacrifier à ce scandale anti-royal les droits mêmes de sa famille sicilienne.

(1) Léopold II, né le 5 mai 1747, qui devint à la mort de son père, l'Empereur François Ier, grand-duc de Toscane. Le grand duc auquel il est fait allusion est Ferdinand III, second fils de Léopold, qui lui céda le duché lorsqu'il devint Empereur d'Autriche.

Rapprochement entre Murat et Bonaparte.

D'un autre côté, malgré la réserve que la peur inspire à Murat et, peut-être, à Bonaparte, pendant le Congrès, on les croit tous deux d'accord; la princesse Borghèse, qui est allée de Naples à Porto-Ferrajo, aurait été la négociatrice de ce rapprochement. Si elle ne les avait pas su tous deux bien ensemble, elle ne se serait pas exposée à déplaire à Murat, à le compromettre et à perdre ainsi l'asile qu'elle avait trouvé à Naples, pour venir se réunir à celui dans la déportation duquel elle doit craindre de se voir enveloppée d'un moment à l'autre. Ce n'est certainement pas par l'attachement, mais par l'intérêt seul, qu'on peut expliquer les démarches de cette famille.

Puisque la princesse Borghèse passe de l'un à l'autre sans inconvénients, c'est que Bonaparte et Murat s'entendent tous deux. Or, comment le cabinet de Vienne ne redoute-t-il pas, au moins, une pareille intelligence de la part de Murat qui a tant renforcé son armée, quand, d'après sa position géographique, il n'a guère d'ennemis que l'Autriche.

Murat n'a pas même le prétexte de dire qu'il se met éventuellement en défense contre les projets que la Sicile et l'Angleterre auraient sur ses États, puisqu'il dégarnit son propre territoire et qu'il éloigne ses troupes de ses côtés, en les rapprochant du Pô et du centre de l'Italie.

En attendant que ces nuages se dissipent, la position de Bonaparte est la même dans son île où il se promène sans cesse. Les seuls changements, autour de lui, sont pour l'intérieur de sa maison. Veut-il apitoyer les Puissances en affectant le besoin d'une rigoureuse économie? Sous ce rapport, il jouerait bien son rôle, car il a maintenant la manie des réductions, comme il avait autrefois celle de la magnificence qu'il avait tout d'abord apportée au milieu de ses rochers. Il vient de diminuer tous les traitements dans ce qu'on appelle sa cour (S. M. pourra s'en rendre compte par le tableau ci-contre, annexé à ce rapport). Il a l'air de se faire aujourd'hui fermier, vigneron, maître d'hôtel et administrateur. Il ne lui reste presque plus qu'à aller en personne au marché avec son cuisinier. Il prenait sa viande à Porto-Ferrajo, il a imaginé qu'il la paierait moins cher en l'envoyant chercher à Piombino et il le fait.

Réductions dans l'entourage de l'Empereur.

Les généraux Drouot et Cambronne se sont vu supprimer le déjeûner; ils n'ont plus que le dîner à la table de Bonaparte.

Les appointements du général Bertrand sont de moitié moins, comme ceux de tous les employés. Aussi, assure-t-on que la plupart de ce qui reste de Français n'attend que le printemps pour le quitter et rentrer en France. Bonaparte aurait donc besoin de quelque nouvelle conscription si, comme le bruit

COUR DE

CHAMBELLANERIE

NOMS DES EMPLOYÉS	TRAITEMENT	RÉDUIT À
MM.		
Vantini, 1er chambellan (père de la favorite de Porto-Ferrajo). . . .	»	2.000
Lapi, ancien banqueroutier, 2e chambellan	»	2.000
Traditi, maire de Porto-Ferrajo, 3e chambellan.	»	1.500
Gauttandi, maire de Rio, 4e chambellan. . .	»	1.500
Officiers d'ordonnance.		
Vantini fils.	»	1.000
Peresse	»	1.000
Bertiotti.	»	1.000
Seno	»	1.000
Traditi fils	»	1.000
Deschamps, adjoint et préfet du palais . .	15.000	4.000

Nota. — Les chambellans, les officiers de garde, MM. Baillon et Deschamps, Marchand et Gelvi, Noverras et Alix, qui étaient nourris, ne le sont plus à commencer de ce mois, non plus que MM. Émeric, médecin et Gatte, apothicaire.

GRANDES

NOMS DES EMPLOYÉS	TRAITEMENT	RÉDUIT À
MM.		
Baillon, grand écuyer, commandant des écuries.	15.000	4.000
Chauvin aîné, piqueur, sous-commandant.	6.000	3.000
Amandini, sous-commandant.	6.000	3.000
Chanoin Paul, sous-piqueur	3.000	1.200
Chanoin Frédéric, sous-piqueur.	2.500	1.200
Dominique, brigadier.	1.200	1.000
Machuré, brigadier.	1.200	1.000
Paint, pour la selle, parti le 13 août pour Paris	»	»
Matthieu Georlowitz, pour la selle . .	»	800
Schoverki Charles, pour la selle	»	800
Bouchi	»	800
Hauto, pour la selle.	»	800
Verule, pour la selle.		
Cuguelaine, postillon.	»	»
Lecomte, postillon .	»	»

ÉCURIES		
NOMS DES EMPLOYÉS	TRAITEMENT	RÉDUIT A
MM.		
Antonio, pour attelage.	»	»
Zupper, pour attelage.	»	»
Mauffé, —	»	»
Besson, —	»	»
Niobé, postillon de daumont.	»	»
Notari, postillon de daumont.	»	»
Labesse	»	»
Sens aîné, postillon de daumont	»	»
Sens cadet, postillon de daumont	»	»
Maez, postillon de daumont.	»	»
Pinotti.	»	»
Le Comte	»	»
Marchand, Galis, dit Rouff . . } Valets de chiens.	»	2.000
Denis, garçon de garde robe.	»	1.200
Noverras, chasseur .	»	1.200
Alix, — .	»	1.200

MAISON		
NOMS DES EMPLOYÉS	TRAITEMENT	RÉDUIT A
MM.		
Gaillard, chef des valets de pied	»	1.200
Matthias, valet de pied.	»	1.000
Archambeau, valet de pied.	»	1.000
Gauderon, valet de pied.	»	1.000
D'Antonio, suisse. .	»	800
Bonfilleul, — . .	»	800
Patris, valet de pied italien.	»	600
Parieto, valet de pied italien.	»	600
Orsini, valet de pied italien.	»	600
Orsenes, valet de pied italien.	»	600
Léon, frotteur . . .	»	500
Raboti, — . . .	»	500
Totin, chef de cuisine.	»	1.500
Quevali, contrôleur.	»	1.500
Pirou, confiseur . .	»	1.200
Lejeune, sommelier.	»	1.200
Titot, argentier, nommé depuis Boulanger .	»	800

en court, il était destiné à aller avec sa famille peupler l'île de Sainte-Hélène.

L'agent, que j'entretiens à Livourne (1), m'écrit : « que ce n'est pas en Toscane qu'on fera des vœux contraires. Il a, dit-on, plus de partisans dans le reste de l'Italie, mais des partisans d'opinion et non d'action. Les Italiens sont trop riches et trop calculateurs pour songer sérieusement à prendre les armes et à faire ravager leur beau pays en faveur de qui que ce soit. Pendant qu'ils étaient sous le joug des Français, ils criaient contre leur domination et obéissaient. Alors, ils aimaient encore plus les Autrichiens qu'ils ne les détestent aujourd'hui ; cependant, pas un point de l'Italie ne se souleva en leur faveur, avant l'entière retraite des Français ; ils n'en feraient, d'ailleurs, pas davantage, même si Bonaparte et Murat se réunissaient, sous prétexte de travailler au rêve de leur indépendance. Ils méprisaient trop les Napolitains pour les juger capables de chasser les Autrichiens et pour se fier à des espérances qu'on leur offrirait sous de tels étendards ! »

Extrait d'un article du *Times* sur Marie-Louise.

Un article du *Times*, que l'on me signale, contient le paragraphe suivant qui me semble présenter quelque intérêt : « On dit que l'archiduchesse Marie-

(1) Le chevalier Mariotti, consul de France.

« Louise, au moyen d'un divorce, va être arrachée à « cette honteuse liaison que les circonstances politi- « ques l'obligèrent à former avec l'aventurier corse. « Nous avons été étonnés de ne pas voir cette mesure « adoptée depuis longtemps. Les grandes familles ré- « gnantes en Europe paraissent presque avoir oublié « la basse extraction de ces Bonaparte, race compara- « ble à nos comédiens ambulants. Il nous semble qu'à « Vienne on a manqué au respect dû à la nation fran- « çaise et à son souverain en permettant que les voi- « tures de Marie-Louise et de son enfant portassent « les armes de la France. Pour notre part, nous pen- « sons que le bambin devrait être envoyé à l'hospice « des enfants trouvés, ou bien à cette société philan- « tropique qui s'est chargée d'élever les enfants des « criminels fameux. Donner des armes à cet enfant, « c'est une absurdité complète. Le seul droit qu'il peut « avoir, et encore pourrait-on le contester, c'est de « porter les armes de la famille Buonaparte; or, ces « armes devraient être trois cordes en blanc et une « potence en noir. Il y a un peu moins d'absurdité à « proposer de faire un souverain d'Eugène Beauhar- « nais; ce jeune homme est un sujet né de Louis XVIII « et, puisque les Alliés parlent de rétablir l'ancienne « loi de l'Europe, ils pourraient se rappeler que, « conformément à cette loi, le roi de France de- « vrait être consulté pour savoir s'il veut bien per-

« mettre à un de ses sujets de porter une couronne! »

Menées bonapartistes à Nantes.

30 *Novembre* 1814. — Ces jours derniers, il a été ramassé, dans un corridor du théâtre de Nantes, deux cartes sur lesquelles on répétait la fable de la descente de Bonaparte en Italie, avec un corps de troupes. Une vingtaine d'autres cartes semblables ont été trouvées, en paquet, dans un des coins sombres du théâtre et ont été aperçues par un des commissaires de police.

Il est évident que quelques individus sont, en ce moment, animés d'un esprit d'animosité contre le gouvernement. Depuis quelque temps, les preuves s'en multiplient à Nantes, mais le préfet me fait remarquer qu'elles portent un caractère de précaution et de lâcheté, car nul ne se compromet. Ce sont des lettres anonymes, des billets jetés durant la nuit, des propos dont on ne saurait trouver la source. Cependant, les autorités apportent dans leurs recherches des soins actifs et réels.

Ces manœuvres ne peuvent pas donner des inquiétudes actuelles, je suis loin d'en concevoir. Ce n'est pas de cette manière obscure et timide que se préparent les révolutions. Les conspirateurs de 1792 ne cachaient pas leurs démarches; leurs projets étaient publics. L'autorité tremblait devant eux, et non pas eux devant l'autorité. Aujourd'hui, si l'on découvrait un de ces coupables cachés, il subirait un jugement et sa peine ne trouverait pas un défenseur; bien plus, ses camarades de parti le désavoueraient!

C'est pour cela qu'il y a si peu d'audace dans ces témoignages de mauvaise opinion; mais, ils inquiètent et affligent singulièrement les bons citoyens. Le pire effet qui pourrait en résulter, serait de troubler la marche légale et assurée de l'autorité.

Néanmoins, je dois dire avec une profonde conviction que, d'après l'observation attentive d'une des plus grandes villes du royaume, le moindre acte arbitraire ferait un mal extrême. La classe haineuse n'est pas fort nombreuse; la classe méfiante est presque universelle. L'exacte justice, la stricte observation de la loi, rassurent les plus ombrageux; en s'écartant de cette ligne, on risquerait de donner pour alliés aux plus infâmes révolutionnaires une foule d'hommes qui n'ont, en ce moment, aucun rapport avec eux et on ferait, par là, craindre une réaction absurde. Les vanités se verraient d'avance blessées et humiliées, les acquéreurs de biens nationaux dépouillés, les militaires dédaignés.

Même état des esprits à Lyon.

Les nouvelles que je reçois de Lyon confirment cet état d'animosité contre le gouvernement actuel, car j'apprends que des perturbateurs, en sens inverse des ultra-royalistes, ont essayé quelques manœuvres. Une ode contre les Bourbons et en faveur de Bonaparte a circulé, manuscrite, dans la ville. L'un des commissaires de police s'en est procuré une copie et l'a remise au préfet, M. de Bondy. Il s'est aussi procuré une médaille de plomb que les bonapartistes portent à un cordon noir, en signe de ralliement. Cette médaille, de la dimension d'un petit écu, offre d'un côté l'effigie de Bonaparte avec cette légende : « *Napoléon Ier, empereur des Français* » et, de l'autre, un aigle couronné avec ces mots en exergue : « *Il vint à Lyon le 20 germinal an 13* ». L'individu qui en était porteur sera interrogé; rien ne sera négligé, pour découvrir l'atelier où se frappent ces médailles qui offrent tous les caractères d'une fabrication récente.

Arrestation d'individus venant de l'Ile d'Elbe.

3 *Décembre* 1814. — J'ai fait arrêter quatre individus, arrivant de l'Ile d'Elbe à Paris, et débarqués à Saint-Tropez. Je les ai moi-même interrogés, ce matin, pour en tirer des renseignements propres à être rapprochés de ceux déjà recueillis. La déposition de la dame de Berluc a été très importante et mériterait la plus sérieuse attention, si cette femme ne m'avait paru une jeune intrigante dont les révélations sont, au moins, très suspectes de grande exagération, à en juger par le rôle qu'elle jouait à l'île d'Elbe où elle était maîtresse affichée d'un capitaine faisant partie de la garde de Bonaparte.

Je me suis bien fait expliquer, par elle, sa position

et je n'y ai rien aperçu qui dût donner à penser qu'elle eût été admise, par le plus rusé et le plus fourbe des hommes, à des confidences de projets qu'il aurait tant d'intérêt à cacher, s'il en roulait, réellement, dans sa pensée, la plus prochaine exécution.

Quelque scandaleuse qu'ait été la conduite privée de la princesse Borghèse, il n'est pas probable que Bonaparte ait voulu placer comme dame du palais, auprès d'elle, la concubine avouée d'un simple capitaine. Plus il connaissait la vie licencieuse de ses sœurs, plus il a toujours affecté de les entourer de femmes dont la réputation et le nom puissent cacher, autant que possible, ses honteux secrets de famille et, si on avait proposé un tel emploi à cette femme, il est très vraisemblable qu'elle l'eût accepté, puisqu'elle revient en France à peu près sans autre ressource que sa personne.

Je suis persuadé qu'un long repos est impossible à Bonaparte et, qu'après qu'il aura cessé de craindre le Congrès, il machinera quelque plan pour sortir de son île et pour troubler encore le monde. Mais, à Porto-Ferrajo, on lui attribue deux plans à peu près contradictoires : on parle de son armée, comme si l'on débarquait avec sept ou huit cents hommes, dont la plupart déserteraient dès qu'ils le pourraient. Et c'est ainsi qu'on prétend avoir pénétré l'horrible mystère des conseils secrets d'un homme qui, jugeant des autres par la justice qu'il se rendait à lui-même, n'a jamais assez estimé personne pour avoir ni un confident ni un ami!

La dame de Berluc n'a-t-elle pas donné les chimères, dont on se repaît à l'Ile d'Elbe, pour des conceptions arrêtées qui, d'ailleurs, en cas de réalité, n'auraient été communiquées ni à elle, ni à son amant?

Quoi qu'il en soit, lorsqu'il s'agit de si graves intérêts, je n'ai rien voulu dissimuler au Roi, qui appréciera ces déclarations dont il est probable que la dame Berluc ne tardera pas à solliciter le salaire, par quelque voie plus ou moins détournée.

Les interrogatoires des autres personnes arrêtées contiennent des détails tout à fait différents, bien qu'ils viennent de personnes qui ont approché Bonaparte, plus que la dame de Berluc, et qui eusssent pu mieux pénétrer dans son cabinet et dans son intérieur.

Ce n'est pas là, cependant, une raison suffisante pour refuser toute créance aux dires de cette femme, mais c'est, du moins, un motif pour les accueillir avec une défiance que semble justifier aussi le caractère et le peu de moralité d'une femme qui cherche à se donner de l'importance et à colorer son retour du désir de rendre un service signalé.

Je joins, ci-après, les trois interrogatoires.

Interrogatoire de Madame de Berluc.

Le deux décembre mil huit cent quatorze, est comparue, devant nous, dame Jeanne-Marguerite Michel, épouse du sieur de Berluc, ingénieur en chef du cadastre en Piémont, détenue au département de la police, comme arrivant à Paris de l'Ile d'Elbe; laquelle, pour satisfaire aux interpellations que nous lui avons faites, a répondu par la déclaration suivante : Que ne voulant pas rester à Coni, en Piémont, lorsque les Français ont abandonné le département de la Stura, elle s'est rendue à l'Ile d'Elbe, conduite par des motifs qu'elle ne déclare point et qui n'avaient aucun trait à la politique; qu'elle y est arrivée le 10 de mai et qu'elle en est sortie, le premier du mois dernier; que, durant son séjour, il lui a été fait la proposition de rester à l'Ile d'Elbe et même d'y remplir une place de dame du palais auprès de Pauline Bonaparte, mais qu'elle n'a pas voulu accepter, parce qu'elle conservait l'espoir de retour en France. Elle ne s'était fixée, momentanément, à l'Ile d'Elbe que pour y suivre de plus près les intérêts domestiques qu'elle avait laissés dans le Piémont; que, durant le séjour qu'elle a fait dans l'Ile, elle a été à portée, par ses liaisons, de pénétrer jusque dans l'intérieur des conseils de Bonaparte et qu'elle a pu savoir qu'il cache, sous une apparente tranquillité, le dessein de reparaître bientôt en France. Les moyens qu'il devait employer consistaient, d'abord, à envoyer, dans chacun des départements de la France, un officier affidé qui chercherait à connaître ses partisans et à les rallier pour le moment décisif et que, ce moment arrivé, il débarquerait sur un point de la France avec son armée dont il cherchait, chaque jour, à augmenter le nombre et à perfectionner l'instruction; mais, ce projet, sans être absolument abandonné, avait fait place à un autre qui consiste à débarquer sur les côtes de la Ligurie et à y profiter de l'extrême mécontentement des Génois pour former un parti qui embrasserait bientôt la France. Ce double projet se prépare avec beaucoup de secret, mais ne tardera pas à être mis à exécution. La femme de Berluc a ajouté : qu'il y a apparence que Bonaparte est protégé par le général anglais Campbell et que, depuis trois semaines, M. de Colonna était envoyé sur le continent par Bonaparte pour une mission diplomatique; que les officiers qui ont suivi Bonaparte à l'Ile d'Elbe se flattent tous d'un prompt retour en France et ont dit à la déclarante qu'elle ne les y devancerait que de peu de jours; qu'il se peut que ces renseignements ne soient pas d'accord avec ceux qu'on reçoit de tout autre côté, mais que, par ses relations avec des personnes qui sont dans l'intimité de Napoléon, elle a été à portée d'être instruite plus particulièrement qu'un autre; qu'ainsi, elle a été à portée de savoir que, dans les conseils secrets, on faisait des vœux pour la mort du Roi; qu'il se peut même qu'on cherche à la préparer et qu'on ne peut veiller trop scrupuleusement sur les jours de S. M.; qu'après avoir reçu de telles confidences, en sa qualité de Française et de sujette fidèle du Roi, elle n'avait pas cru pouvoir rester plus longtemps à l'Ile d'Elbe; qu'elle s'était rendue à Paris, uniquement pour nous fournir la présente déclaration qu'elle a affirmée véritable.

Examen fait des papiers de la déclarante, nous avons gardé quatre lettres datées de Porto-Ferrajo et nous lui avons remis les autres, dont le contenu ne pouvait intéresser le gouvernement.

Interrogatoire du Sieur Jean Pierre Charvet, ancien conservateur de la garde-robe de Bonaparte.

Est comparu, devant nous, Jean-Pierre Charvet, ancien conservateur de la garde-robe de Bonaparte, détenu à la police, comme venant de l'Ile d'Elbe; lequel nous a déclaré qu'il était parti pour l'Ile d'Elbe, au mois d'avril dernier, dans l'espérance qu'il y serait rejoint par le sieur Constant, premier valet de chambre de Bonaparte et qu'ils y trouveraient, l'un et l'autre, un sort assuré; mais que, le sieur Constant étant resté à Paris, le déclarant s'est trouvé seul à l'Ile d'Elbe, dont le climat lui a été si contraire que ce n'est que, depuis son retour sur le continent, que la fièvre l'a quitté. D'ailleurs, Bonaparte a fait, dans son intérieur, des réformes et supprimé la place qu'il y occupait et que c'est pour ces divers motifs qu'il a pris le parti de revenir à Paris où il avait laissé sa femme et deux enfants; il se propose même de s'y établir, en élevant un café ou quelque établissement de ce genre et demande à jouir des droits de tous les autres Français, qu'il n'a jamais perdus, en prenant l'engagement de ne pas entretenir de correspondance avec l'Ile d'Elbe où il n'a laissé aucun parent ni ami, se soumettant, d'ailleurs, à toutes les exigences qu'on voudra exercer sur son compte.

Interrogé sur ce qui se passait à l'Ile d'Elbe, le déclarant a répondu que, sur six mois qu'il a passés dans l'Ile, il en est resté quatre au lit et que, par ces circonstances, il n'a pas été à portée de pénétrer dans la politique de Bonaparte. Néanmoins, autant qu'il a pu le remarquer, son armée consiste en cinq ou six cents hommes de garde et un régiment franc dont les cadres ne sont pas complets et dont le recrutement est difficile; que le lecture des journaux, venant de l'étranger, n'est permise qu'aux généraux Bertrand et Drouot et qu'il est à peu près interdit aux gens de la maison de parler politique. Il a ajouté que Bonaparte avait ordonné, au début, des travaux assez importants dans l'Ile, soit en constructions, soit en ouvertures de communications, mais, qu'aujourd'hui, il paraît s'attacher à porter l'économie partout et qu'il est probable, au reste, que les Français, qui sont encore auprès de Napoléon, seront bientôt remplacés par des Italiens.

Interrogatoire du sieur Joseph Dorville de Mollant, ancien employé des écuries de Bonaparte.

Est comparu, devant nous, le sieur Joseph Dorville de Mollant, ancien employé des écuries de Bonaparte, détenu à l'hôtel de la police, comme venant de l'Ile d'Elbe, lequel a déclaré, qu'ayant été attaché aux écuries, à Paris, il était parti pour l'Ile d'Elbe dans l'espérance d'y continuer son service; mais, qu'arrivé dans l'Ile, ayant trouvé son service considérablement réduit, il a été nommé premier huissier de la chambre de Bonaparte et en a rempli les fonctions depuis six mois. Sa santé s'étant considérablement altérée, par l'influence du climat, les médecins lui ont ordonné de repasser sur le continent, ce qu'il a exécuté d'autant plus volontiers que Bonaparte semble avoir pris le parti de remplacer par des Corses et des Italiens, qui lui coûtent moins cher et qu'il croit plus fidèles, les Français qu'il a autour de lui.

Interrogé sur ce qu'il a vu et observé à l'Ile d'Elbe, il a répondu que la santé de Bonaparte était fort bonne, que seulement il tendait à l'excès d'embonpoint; qu'il écrivait peu et était occupé, du matin au soir, à des constructions de maisons et des ouvertures de chemins; qu'il avait, à peu près, perdu l'habitude de monter à cheval et qu'il allait à pied ou en calèche. Il a ajouté que Napoléon tenait cercle, deux et trois fois la semaine; les principaux habitants de l'Ile et leurs épouses, réunis à ses quatre chambellans et autres officiers, composaient ce cercle qui, dans les grands jours, s'étendait jusqu'à vingt-cinq à trente personnes, parmi lesquelles on comptait beaucoup moins d'hommes que de femmes. Quant aux troupes, elles consistaient en cinq à six cents hommes de la garde, tant infanterie que cavalerie, et en un régiment, formé de deux bataillons, l'un corse et l'autre italien, mais que ces bataillons ne pouvaient arriver à se compléter.

Enfin, le dit Dorville a dit qu'il n'a point entendu parler, dans l'intérieur de l'Ile, de l'espoir d'un retour en France et d'aucune démarche pour y arriver, car il croit qu'on a reçu, quelquefois, au Palais, des lettres de France contenant quelques projets de ce genre, mais que Bonaparte, à qui on en parlait, répondait que cela n'avait pas le sens commun.

Active propagande faite par les bonapartistes.

7 *Décembre* 1814. — J'ai déjà eu l'honneur de parler à S. M., dans un de mes précédents rapports, de la mise en circulation, à Lyon, de médailles à l'effigie de Bonaparte. On vient de découvrir le fabricant et le vendeur de ces emblêmes : ils habitaient, tous deux, dans cette ville.

Deux cordonniers, Jean Pasquet, de Saint-Girons (Ardèche) et Paul Colciagho, d'Ergano, en Italie, arrêtés comme porteurs de ces médailles, ont déclaré les avoir achetées d'un nommé Claude Milleret, de Lyon, garçon épicier, lequel les leur avait vendues trois sols la pièce en les engageant à lui procurer des acheteurs, disant qu'il savait où en trouver d'autres, quand il aurait épuisé celles qu'il avait. Il leur en montra une trentaine.

Milleret fut arrêté et trouvé encore muni de quatre médailles. Il prétendit, d'abord, les avoir achetées, avec une vingtaine d'autres, à un colporteur inconnu, sans autre intention que celle d'un petit bénéfice en les revendant. Mais, après vingt-quatre heures de secret, il a avoué que des buandières, venant tous les matins boire de l'eau-de-vie dans sa boutique, portaient à leur cou ces médailles attachées à des cordons noirs. L'une d'elles lui en ayant donné une, il y a environ deux mois, il la remit, pour modèle, au sieur Antoine Buisson, fondeur, qui, huit jours après, lui en apporta six douzaines au prix de cinq francs. C'est, dit-il, tout ce qu'il en a fait fabriquer, parce qu'il avait eu assez de peine à placer celles-là. Il a assuré n'avoir été mû par aucune instigation étrangère. Néanmoins, beaucoup d'ouvriers qui venaient, le matin, à sa boutique, ayant manifesté le désir d'avoir des médailles semblables, il s'était flatté de l'espoir d'un grand débit. Puis, il avait eu aussi l'idée de spéculer sur des bustes de Bonaparte, en plâtre bronzé; mais il y avait renoncé à cause du prix élevé qu'on avait voulu les lui vendre.

Le sieur Buisson a déclaré, à son tour, qu'il avait, en effet, coulé six douzaines de médailles pour Milleret, dans un ancien moule fait lors du passage de Bonaparte à Lyon, lorsqu'il allait se faire couronner en Italie. D'ailleurs, il n'en avait pas fabriqué davantage, pensant que cela pourrait le compromettre.

Ainsi, les frères Favres, quincailliers de Saint-Étienne, lui en ayant demandé six douzaines, il leur avait répondu qu'il avait détruit le moule pour en faire un autre; celui qu'il a montré devait servir à faire des croix de fleurs de Lys.

Tous ces individus ont été traduits devant la justice; les uns ont reçu l'ordre de réintégrer, au plus tôt, leurs communes respectives, les autres ont été sévèrement admonestés; Milleret, seul, a été mis à la disposition du préfet.

J'ai fait arrêter, aussi, avant-hier, à Rouen, un nommé Polliard qui vendait des cannes à épée, dont les pommes étaient tournées de manière à offrir le profil très ressemblant de Bonaparte, lorsqu'on mettait la main dessus, d'une certaine façon. J'avais ordonné des perquisitions exactes, dans sa boutique, en vertu d'un mandat délivré par M. le Procureur du Roi. On y a trouvé dix de ces cannes, huit pommes de cannes en corne noire, sept boutons de cuivre portant des Aigles ou des N, surmontés d'une couronne, et dix-huit boîtes, en buis, avec le portrait de Bonaparte.

On a remarqué, dans les papiers saisis chez Polliard, l'adresse de deux de ses correspondants qui demeurent à Paris; l'un se nomme Maillet, fabricant de cannes, rue Grenéta; l'autre, appelé Houel, habite rue Jean-Pain-Mollet.

Les procès-verbaux et les pièces à conviction ont été remis à M. le Procureur du Roi pour commencer la procédure. Elle pourra fournir quelques données sur le motif qui a fait agir le sieur Polliard et sur le but que se proposaient ceux qui achetaient ces emblêmes qui, ainsi qu'on me l'assure, pouvaient être un signe de ralliement en faveur de Bonaparte.

Nouvelles transmises par un agent à l'Ile d'Elbe.

13 *Décembre* 1814. — J'ai reçu, hier, un rapport qui m'est adressé de l'Ile d'Elbe et d'où il résulte que rien n'est changé, jusqu'ici, à la position de Bonaparte; sa mère et sa sœur Pauline y sont sa principale société.

Quatre bricks anglais sont arrivés, ces jours-ci. Ils ont sondé la rade et le port de Forto-Ferrajo, sans qu'on ait cherché à les empêcher; ils doivent être, dit-on, suivis sous peu de quatre bâtiments de leur nation. On se demande ce qu'ils veulent et comment ils affichent ainsi, en sondant un port militaire, des intentions qui doivent être très suspectes à Bonaparte. S'agirait-il pour lui de céder l'Ile aux Anglais? Que lui donneraient-ils en échange? Était-il question de quelque coup de main contre lui ou de quelque enlèvement? En tout cas, il ne serait pas prudent de lui donner ainsi l'éveil, puisqu'il pourrait se mettre, au moins pour quelque temps, en défense dans la ville de Porto-Ferrajo, qui serait fort difficile à prendre.

On ne conçoit rien à tout cela, lorsqu'on raisonne Les soldats de la garde disent bien qu'on ne tardera pas à s'emparer de Bonaparte et à l'emmener; mais, bien qu'ils parlent beaucoup, au fond ils ne savent rien et ne sont dans aucun secret.

En attendant que l'énigme de sa position se devine, d'après les résultats du Congrès de Vienne, Bonaparte a fait beaucoup de provisions et a acheté une grande quantité de blé, parce que l'Ile n'en produit pas. Est-ce pour nourrir les habitants, ou pour approvisionner ses forts? Nul ne peut le prévoir. Aussi bien, il s'arrange comme s'il comptait rester dans l'Ile; il a récemment acheté le terrain qui s'étend jusqu'à des salines, à la sortie de la ville, et il a l'intention d'y faire construire un faubourg, car il donne le terrain à ceux qui s'engagent à y bâtir.

Il a fait, aussi, dresser le plan d'une fontaine, sur la place d'armes, et il fait faire le devis de quelques autres embellissements pour la ville.

Un soulèvement a éclaté à Capoliveri, village situé à quatre milles de Porto-Ferrajo; les habitants ont refusé de payer les contributions et ont chassé la gendarmerie qui, pour l'Ile entière, n'est que de 64 hommes. Bonaparte a dû y envoyer ses grenadiers et la moitié de ses lanciers. Il les a placés, pendant dix jours, à discrétion, chez les habitants, pour les punir; puis, il a fait arrêter deux prêtres, accusés d'avoir excité le désordre.

Bulletin de Paris.

17 *Décembre* 1814. — Depuis que le Congrès ne nous permet plus de nous tourmenter et de supposer des chances de guerre au dehors, les esprits inquiets se sont mis à craindre notre situation intérieure et à exagérer quelques mouvements locaux qui tiennent à des levées de troupes dont la fin approche et dont, peut-être, le besoin n'existera pas longtemps.

Je ne sais pourquoi on a songé, aujourd'hui, à Bonaparte, à la Bourse; il fallait qu'il y eût stérilité de nouvelles. On y a, d'ailleurs, suppléé par l'absurdité, puisque l'on s'amusait à le créer généralissime des armées autrichiennes, pour démembrer la Turquie et y trouver, dans quelque coin, un territoire qu'il pût échanger contre son Ile d'Elbe.

D'autres prenaient le parti bien plus simple et plus utile au monde de le tuer d'une fluxion de poitrine.

On était encore moins d'accord sur Murat et sur son avenir; on ne concevait pas ce qu'il fait d'une si considérable et si coûteuse armée sur pied, lorsqu'il se prétend sûr de l'alliance avec l'Autriche. A qui, dans ce cas, en veut-il puisqu'il ne peut avoir à redouter, en Italie, d'autres troupes que les troupes autrichiennes? Enfin, comment se fait-il, maintenant que la fin du Congrès éloigne toutes les probabilités de guerre prochaine, que l'Autriche laisse Murat toujours sur le pied de guerre et semblant menacer sa suprématie, dans un pays où elle veut dominer en souveraine?

Ces énigmes politiques ne peuvent plus tarder à s'expliquer.

13 *Décembre* 1814. — La popularité dont jouit le Roi est immense; tous les cœurs et tous les vœux des hommes sensés et raisonnables se rallient chaque jour davantage autour de lui. Les mauvais, eux-mêmes, croient au besoin de sa généreuse modération et de sa main protectrice, pour les préserver contre les ressentiments et les vengeances des plus ardents de leurs ennemis.

Grande popularité du Roi

J'ose pouvoir garantir à S. M. l'accueil le plus

digne d'elle et ma profonde conviction est que, si Elle allait au théâtre Elle y serait autant en sûreté que dans son Palais. Mais, cette certitude n'empêchera pas l'emploi discret de tous les moyens de sûreté que la prudence commande.

Nouvelle e l'assassi-at de Bo-aparte.

Le bruit s'est tout à coup répandu, aujourd'hui, que Bonaparte avait été assassiné à l'Ile d'Elbe; il aurait reçu 4 ou 5 coups de poignard dans le dos, mais ne serait pas mort.

Il est possible que ce bruit, dont on n'indique pas la source, vienne des partisans mêmes de Bonaparte et que ce soit une ruse destinée à réveiller l'intérêt qu'ils voient se refroidir, chaque jour, pour leur idole. Ils ont cessé d'espérer obtenir quelque chose pour lui du Congrès de Vienne et la question, maintenant, se réduit tout au plus à savoir si on le laissera dans son Ile. Ses fidèles n'osent le croire, tant ils sentent que l'intérêt de l'Europe commande d'en éloigner, à jamais, celui qui en a été si longtemps le fléau et auquel le repos sera si difficile après le bonheur qu'il trouvait à tout bouleverser et ruiner.

Le géné-al Exel-nans.

Le général Exelmans a reçu de M. le maréchal Soult l'ordre de quitter Paris. Il n'est point encore parti, mais il ne paraît pas que ce retard tienne à aucune idée de résistance. On assure qu'en raison de la maladie de sa femme et de son état de grossesse, il sollicite un délai de quelques jours au moins, et qu'il se flatte de l'obtenir du Roi, par l'intermédiaire même de M. le ministre de la Guerre.

Quelle que soit la décision de S. M., cette leçon produira un utile effet, en montrant dans une attitude suppliante celui-là même qui avait l'air de menacer, il y a quelques jours, et qui semblait être l'un des coryphées des mécontents militaires.

Le duc de Rovigo. Le duc de Rovigo est, depuis hier, arrivé à Paris, venant de sa terre de Nainville, avec sa femme. Il m'a écrit, aujourd'hui, pour me demander une audience. Je la lui accorderai, ne fût-ce que pour avoir une occasion de démêler ses dispositions actuelles et savoir ce qui l'amène. On dit qu'il est, de sa nature, indiscret et vantard; aussi, s'il a des secrets, il pourra en laisser échapper quelques-uns, dans l'abandon de la conversation.

Le duc d'Otrante. Le duc d'Otrante est à Paris, depuis plusieurs jours; il paraît que la peur l'a pris, par suite de la manière dont l'opinion générale s'est prononcée contre les votants. Il annonce l'intention de vendre ses biens et de se retirer en Angleterre, avec ses enfants; mais il voudrait, dit-il, obtenir du Roi une autorisation formelle, pour ne pas courir risque d'être inquiété en pays étranger.

L'abbé Siéyes. Le fameux abbé Siéyès, qu'on prétendait être en Suisse, n'a quitté Paris que pour aller passer quelques semaines à sa campagne de Marly. Il demeure rue de la Monnaie, dans une sorte de solitude, avec une dame Rousseau qui passe pour être, depuis longtemps, son amie. Il ne sort presque jamais et reçoit très peu de monde; sa grande occupation est, dit-on, le jeu des échecs.

J'ai eu occasion de voir, aujourd'hui, M. de Saint-Aignan; j'en ai profité pour le sonder sur l'époque du retour, qu'on m'avait dit être prochain, de M. de Caulaincourt, son beau-frère. Il paraît croire que ce dernier ne songe pas à quitter sa terre de Picardie, avant le mois de février et que, s'il revient alors, ce sera pour la santé de sa femme.

Je prendraî, dans l'occasion, les ordres du Roi, à son sujet, suivant les circonstances. J'estime, en effet, qu'en matière de police, le bien et le mal sont, pour ainsi dire, mobiles et variables. Ce qui serait dangereux, aujourd'hui, ne le sera peut-être plus dans un mois; chaque jour a sa règle et sa loi.

Placards séditieux apposés dans les départements.

20 *Décembre* 1814. — Des faits qui me sont signalés me démontrent qu'il se manifeste un mauvais esprit dans la Meurthe; ainsi, à Blamont, petite ville de ce département, on a placardé, il y a peu de jours, un écrit séditieux conçu en ces termes : « Français; réveillez-vous! Il en est temps, car Napoléon s'éveille! Tous ces fameux royalistes vont être culbutés ».

La gendarmerie qui est, à peu près, la seule autorité active, parce que, dans cette région, les maires ne sont guère occupés que de leurs intérêts, surveille particulièrement cinq à six individus qui paraissent exercer sur les habitants une influence dangereuse ; de ce nombre est le curé lui-même.

D'un autre côté, un de ces événements, qu'on a peine à s'expliquer, quand on les apprend, et qui prouvent combien tout ce qui surprend ou étonne la foule est facile à exécuter impunément, s'est produit à Nancy, dans la soirée du 6 de ce mois. Il y est entré, par la porte de Lunéville, un char attelé de quatre chevaux sur lequel se trouvaient cinq individus qui criaient à tue tête : « Vive Bonaparte! A bas la famille des Bourbons! » Cette voiture a ainsi rapidement parcouru le faubourg et une partie de la ville, suivie d'une multitude considérable. Elle est repartie du même train, sans que l'on ait songé à l'arrêter ni même à découvrir par quelle porte elle était sortie, ni quels individus s'y trouvaient!

Les recherches se poursuivent avec activité et avec une sorte de curiosité qui tient à la bizarrerie du fait en lui-même.

Le lendemain, un militaire, rejoignant son corps, s'est permis les mêmes acclamations en traversant la ville; il a été, sur-le-champ, arrêté par la gendarmerie.

Nouvelles de Schœnbrunn.

27 *Décembre* 1814. — Le sieur de Vieille, récemment arrivé de Schœnbrunn, où il était chef des valets de pied de Marie-Thérèse, a été arrêté ce matin, d'après mes ordres. On n'a trouvé de papiers ni chez lui ni sur lui; il nie même en avoir apporté et prétend que tout ce qu'il a insinué à l'agent secret placé auprès de lui n'était qu'une sorte de forfanterie et un moyen de se donner de l'importance. Au reste, l'interrogatoire qu'on lui fait subir fixera les idées à cet égard; mais, en attendant, on a tiré de lui quelques détails qui ne sont pas sans importance et sans intérêt.

Il avoue être venu de Vienne, jusqu'à Strasbourg, en poste et, de Strasbourg à Paris, par le courrier de la malle. Cette manière de voyager avec tant de rapidité est remarquable de la part d'un homme qui se dit maintenant sans place et qui assure avoir volontairement quitté celle qu'il occupait.

Il a laissé l'Archiduchesse au château de Schœnbrunn, où elle résidait habituellement avec son fils. Il était question, d'ailleurs, de son prochain départ pour Parme et elle le désirait vivement, soit pour jouir de plus d'indépendance personnelle, soit pour se rapprocher de son mari avec lequel les communications seraient alors plus faciles, en raison de la proximité.

Le sieur de Vieille déclare avoir vu à Schœnbrunn deux courriers venus de l'Ile d'Elbe; l'un était un officier français, l'autre un officier polonais. Rien ne transpirait sur ce qu'ils avaient apporté. Il prétend, aussi, avoir été présent à la première entrevue de l'empereur de Russie et de Marie-Louise. L'entretien dura une demi-heure et l'on y remarqua beaucoup de politesse, d'une part, et de sensibilité de l'autre. L'empereur Alexandre est revenu ensuite, plusieurs fois, tout seul et il s'est fait amener l'enfant auquel il a affecté de témoigner de l'intérêt.

Le roi de Prusse est bien moins galant pour l'Archiduchesse et il n'a pas même voulu voir l'enfant. L'archiduc Charles (1), au contraire, montre à Marie-Louise une affection toute particulière, qu'il semble reporter, également, sur son fils.

L'empereur d'Autriche, après avoir commencé par marquer de la froideur pour son petit-fils, lui donne aujourd'hui de fréquents témoignages d'attachement. L'orgueil de la maison d'Autriche ne pouvant s'abaisser jusqu'à prodiguer ainsi les caresses et les distinctions à un enfant qui ne lui rappelle que d'anciennes calamités publiques et une véritable tache de famille, il faut en conclure qu'elle doit être dirigée par des calculs éventuels ou par des espérances d'avenir. Aussi ne cesse-t-on, autour de Marie-Louise,

(1) François-Charles-Joseph, né en 1802, père de l'empereur d'Autriche actuel.

de vanter l'esprit précoce et l'amabilité du jeune et étrange archiduc! On a, il est vrai, défendu à ceux qui l'approchent de le qualifier de « Roi de Rome »; mais cette prohibition a été faite du ton qui permet, sans inconvénient, la désobéissance. On continue, du moins, à l'appeler « Majesté ».

Ce qui n'est pas moins remarquable, c'est que Marie-Louise, qui ne devrait plus rien avoir de commun avec la France, conserve au sein de l'Allemagne un entourage presque exclusivement composé de Français. Ainsi, Mme la Ctesse de Montesquiou est gouvernante de l'enfant; Mme de Brignoles est dame d'honneur de l'archiduchesse et le Mis de Beausset, grand-maréchal du Palais. M. le Bon de Meneval est secrétaire des commandements; le chevalier de Baloist, intendant général de la maison; Mme Hurault de Sorbée est lectrice et son mari remplit les fonctions de maréchal des logis; enfin M. Hérault est médecin et son épouse sous-gouvernante; la première femme de chambre est une dame Rabusson.

A ces détails, le sieur de Vieille ajoute qu'il y a environ deux mois M. le Mis de Cavanac, officier français au service de l'Autriche, est parti de Vienne pour Paris et qu'il s'est chargé d'un grand nombre de lettres de Mme de Brignoles et de M. de Beausset pour leurs parents et amis. Cette facilité de communications avec la France, de la part de personnes qui sont dans une si bizarre position, envers leur pays d'origine, n'est peut-être pas une des conséquences les moins fâcheuses de la convention de Fontainebleau et dont le Congrès ne tardera pas à s'occuper, ne fût-ce que pour en épargner la nécessité au Roi qui n'y a jamais accédé.

Nouvelles de l'Ile d'Elbe.

28 *Décembre* 1814. — L'agent secret que j'ai à Livourne, pour surveiller l'Ile d'Elbe, m'écrit que Bonaparte y continue le même genre de vie, faisant sa principale société de sa mère, de sa sœur et d'une Ctesse de Roanne (1) qui paraît être venue avec des prétentions sur son cœur, au risque d'exciter la jalousie de la princesse Borghèse.

Mme Bertrand a perdu le fils dont elle était récemment accouchée et en est désespérée, au point de faire craindre pour ses propres jours.

Les quatre bricks anglais, dont la station devant Porto-Ferrajo avait donné lieu à beaucoup de conjectures, ont disparu et il n'y reste plus qu'une corvette de la même nation, celle sur laquelle est arrivé de Gênes, depuis peu, lord Campbell.

La princesse Borghèse caresse beaucoup la garde de Bonaparte et a donné une gratification de 40 sols

(1) Ou de Rohan.

par homme, le jour d'une revue à laquelle elle avait assisté. Afin d'arrêter les progrès de la désertion qui se manifestent dans cette troupe, on a recours à mille fables et on lui promet, sous peu, un meilleur sort, mais sans rien spécifier sur la nature de ce prétendu changement.

Le roman du mariage de Marie-Louise avec le roi de Prusse a, d'abord, vivement tourmenté Bonaparte; il en parut si furieux que sa mère seule osa l'approcher pendant un jour entier. Mais, le lendemain, il reçut de Vienne des lettres qui le rassurèrent et il fit mettre le démenti de cette nouvelle à l'ordre du jour de sa garde.

Il débarque, dans l'Ile, beaucoup moins d'étrangers qu'auparavant; mais, en échange on y fait une grande importation de fables absurdes sur ce qui se passe en France. La dernière nouvelle apportée, par exemple, à Porto-Ferrajo, était que la Normandie venait de se soulever, que des troupes avaient été envoyées contre les rebelles, qu'elles avaient passé de leur côté et que la France entière redemandait Bonaparte.

CHAPITRE V

1er *Janvier* 1815. — Depuis longtemps, on n'avait pas eu un mouvement aussi général que celui qu'a excité, dans Paris, le renouvellement de cette année. Toute la capitale semblait sur pied, avant-hier, et encore aujourd'hui. On allait se chercher, on se rencontrait, pour se féliciter et pour se témoigner une satisfaction commune. Paris.

A la jouissance d'un présent aussi inespéré, à pareille époque de l'année dernière, où l'Europe était encore en feu et en désordre, se joint la certitude d'un avenir encore meilleur. Cette joie si vivement ressentie, ces espérances que chaque jour réalise, se rattachent toutes au Roi, à la confiance en ses vertus, en ses vastes lumières, à la conviction de sa profonde science dans l'art de gouverner.

Aussi, le nom sacré du Roi s'est-il mêlé à tous les vœux qu'on recevait, à tous ceux qu'on rendait! Il est bien peu de familles où il n'ait retenti au milieu des témoignages, les moins équivoques, de l'amour et de la reconnaissance.

Il faut le dire, parce que telle est la vérité, les hommes même des partis les plus opposés s'accordent à rendre justice au Roi, à le proclamer la sauvegarde et le soutien nécessaire des institutions que nous lui devons et que l'opinion embrasse tous les jours plus étroitement, comme on s'attache au port, après un épouvantable naufrage.

Je dois, néanmoins, ne pas dissimuler à S. M. que l'opinion, loin de se calmer sur l'approche du 21 janvier, s'échauffe et s'allume; il n'est sorte de contes qui ne courent le public à cet égard.

D'anciens révolutionnaires, des hommes même guéris de la plupart de leurs folies, des fonctionnaires importants sont venus m'exprimer leurs alarmes. Les votants, surtout, éprouvent des terreurs qui sont l'indice de leurs remords et un commencement d'expiation de leur crime. Les uns, ont reçu des lettres anonymes, les autres, de prétendues révélations que la peur grossit. La plupart croient à un coup de main, à d'atroces projets de vengeance; ceux-ci demandent s'ils doivent quitter Paris, ceux-là rêvent qu'on les ira chercher chez eux afin de les forcer à assister aux messes funèbres et, qu'en cas de refus, on les immolera sur les places publiques.

La présence seule du Roi paraît être une garantie

pour ces gens épouvantés. S'ils voyaient S. M. quitter Paris, même pour aller à Versailles ou à Trianon, comme on l'a dit, ils se regarderaient des hommes sacrifiés et perdus. Ils supposent, à ce sujet, des dissentiments jusque dans la Famille Royale, elle-même, et n'ont de véritable confiance que dans le Roi.

Cette erreur même est le plus bel hommage rendu à la sagesse de S. M. et à l'immense empire qu'Elle exerce sur l'esprit de ceux qu'on serait tenté de réputer ses ennemis. Mais, cette toute-puissance d'un nom sacré existe et elle suffira, j'oserais l'affirmer, pour maintenir la tranquillité publique.

Les révolutionnaires.

Nos révolutionnaires sont une espèce de gens qu'on connaît peu. Le délire de leurs têtes a été, au moins, pour autant que la perversité même de leurs cœurs, dans tout le mal qu'ils ont fait. L'imagination les domine souvent et ce qu'ils redoutent est pire, à leurs yeux, que ce qu'ils éprouveraient. De là vient qu'il faut éviter surtout de les menacer; il vaudrait presque mieux les frapper.

Lorsque ces individus sont individuellement atteints, ils s'abandonnent et s'isolent les uns les autres. L'égoïsme l'emporte, alors, sur l'intérêt commun; chacun espère être hors de l'atteinte du coup qui a été porté; mais, si on les effraye par classe et comme par bande, ils se concertent, se groupent et offrent une sorte de surface dangereuse au pouvoir.

Dans cet état de choses, il faut reconnaître qu'il y a des indiscrétions, des jactances, échappées au zèle des partisans du Roi, qui sont plus périlleuses que ne le seraient des coups d'État sur lesquels on prendrait son parti, lorsqu'il n'y aurait plus d'objections ni de remèdes.

Si les observations que je viens de formuler, et qui sont fondées sur une longue expérience du caractère français, modifié par la révolution, étaient toujours présentes à l'esprit des sincères et ardents serviteurs du Roi, ils éviteraient beaucoup d'imprudences de paroles plus que d'actions et rendraient de très grands services en nous épargnant des accès réels de fièvre politique, à certaines époques de fatale mémoire.

Il importe, surtout, d'empêcher une coalition d'intérêts vers laquelle tendent, en ce moment, les révolutionnaires et les militaires; divisés, les uns ou les autres ne sont que peu de chose; réunis, ils deviendraient puissants et redoutables. La multitude, sans les soldats, n'est rien aujourd'hui; et les soldats, sans la complicité de la multitude, qui leur manque, sont cent fois moins à craindre.

Divers bruits qui circulent sur Bonaparte.

10 *Janvier* 1815. — Quelques personnes parlent d'une proclamation que Bonaparte aurait adressée à son ancienne garde, mais elles ne précisent rien, à

cet égard, et ne produisent point cette pièce dont le ton permettrait, jusqu'à un certain point, d'apprécier l'authenticité.

D'autres pensent que cette proclamation n'est que dans l'imagination de ceux qui en répandent le bruit et que ce bruit, adroitement mis en circulation, est une ruse pour écarter l'idée de rappeler une partie de cette garde à Paris, ainsi qu'il en était question.

Ceux qui doutent de l'existence de cette proclamation, au moins jusqu'à ce qu'on la montre, s'appuient sur le peu de vraisemblance que, pendant la durée du Congrès de Vienne, Bonaparte eût l'audace d'attirer ainsi, sur lui, l'attention des souverains réunis et l'imprudence de les avertir, lui-même, du danger de le laisser si près d'un foyer de passions mal éteintes.

C'est par une telle crainte de sa part, car le Congrès n'aurait qu'un mot à dire pour l'écraser ou le déporter, que beaucoup de personnes expliquent son apparente tranquillité dans son Ile et l'indifférence qu'il y joue. Il est, sans doute, probable que l'homme qui a été le plus aventureux et le plus remuant de son siècle n'a pas, de bonne foi, renoncé à tous les hasards de l'avenir. Mais, quoi qu'il rêve, pour la suite, il doit bien sentir que l'heure de se mettre en avant et en mouvement n'est pas arrivée, puisque l'Europe est encore en paix, bien qu'en armes contre lui seul, et que ce n'est que dans l'anarchie ou le désordre universel qu'il pourrait placer quelques chimériques espérances!

Rapport d'un agent secret.

A ces rumeurs concernant Bonaparte, je puis ajouter des nouvelles, beaucoup plus certaines et précises, concernant ce personnage, car je les tiens d'un sieur Gaillard, agent secret, que mon prédécesseur avait envoyé à l'Ile d'Elbe. Cet individu, qui est le frère du premier valet de chambre de Bonaparte est, depuis hier, de retour à Paris; il avait été obligé de quitter l'Ile, il y a déjà quelque temps, parce que sa présence y était devenue suspecte, mais il y avait laissé un correspondant dont il recevait les lettres à Livourne. Son frère a été récemment éloigné, par Bonaparte, de son service, à cause des soupcons que le séjour prolongé de l'agent secret avait fini par exciter et il s'est retiré en Suisse d'où il est originaire.

Il peint Bonaparte comme extérieurement tranquille et feignant d'être satisfait de sa situation qu'il craint de voir échanger contre une plus mauvaise. Mais, il avoue qu'il lui a été impossible de pénétrer dans les mystères du plus fourbe des hommes, de celui qui a passé quinze ans à jouer et à asservir, par les ruses, l'Europe entière. Il prétend qu'il est à court d'argent, réduisant de plus de moitié toutes les dépenses autour de lui et mécontentant ainsi son entourage, sa maison, sa garde même dont unepartie le quitte chaque jour; substituant des Italiens, qui lui coûtent peu, à des Français qui regrettent leur pays et que la cupidité seule ou de chimériques espérances en avaient éloignés. Il le croit en correspondance fréquente, quoique cachée, avec Murat, égarant ses rêves d'avenir sur l'Italie, plus que sur la France; enfin, il assure que Bonaparte a pour maîtresse une Grecque fort belle, nommée Madame Théologo, au mari de laquelle il a donné un emploi d'interprète.

Selon le même agent, autant l'ex-Empereur serait réservé sur ce qu'il peut rouler dans sa tête, autant la princesse Borghèse serait indiscrète, puisque, se promenant dernièrement en grande familiarité avec les officiers de la garde, à Porto-Ferrajo, elle leur promettait un changement prochain de position, sans cependant s'expliquer sur la nature des illusions qu'elle leur offrait, pour les retenir.

Les généraux Bertrand et Drouot seraient toujours les confidents et les favoris de Bonaparte, mais ils auraient, à son école, appris à ne pas se laisser deviner : le général Cambronne partagerait avec eux sa confiance.

Bonaparte, toujours d'après le sieur Gaillard, serait désiré dans une partie de l'Italie, vivement indisposée contre le régime autrichien. Il serait, au contraire, détesté à Livourne, presqu'indifférent aux autres populations de la Toscane, mais appelé par les vœux d'une nombreuse faction à Milan ainsi qu'à Bologne; enfin, son souvenir est toujours présent chez la plupart des militaires italiens, mais principalement parmi les généraux et les officiers.

En résumé, le nord et le centre de l'Italie sont bien mieux disposés pour Bonaparte que pour Murat, qui n'a de partisans que dans le Royaume de Naples, surtout dans sa nombreuse armée. D'après ces mêmes renseignements, l'Italie est mécontente du présent, inquiète de l'avenir que lui prépare le Congrès; mais, au fond, elle est soumise et tranquille.

Découverte d'emblêmes séditieux à Lyon.

12 *Janvier* 1815. — J'ai appris que le maire de Lyon avait fait arrêter un individu qui portait au col une médaille d'étain, avec l'effigie de Bonaparte, d'un côté et la légende : « *Napoléon Ier, Empereur des Français* » et, au revers, un aigle avec l'exergue : « *Arrivé à Lyon, le* 21 *germinal an* 13. »

On a découvert le marchand qui a vendu ces médailles et celui qui les a fabriquées et l'on a appris, par l'interrogatoire de ce dernier, que des quincaillers de Saint-Étienne lui en avaient commandé de semblables. En conséquence, les préfets du Rhône et de la Loire ont été chargés de suivre tout ce qui se rattachait à la fabrication de ces médailles et à leur distribution. Le préfet de Lyon me transmet un rapport ainsi conçu :

« Les frères Favres ont été interrogés sur les motifs et le but de la commande qu'ils avaient faite, à Lyon, de médailles à l'effigie de Bonaparte. L'aîné prétend qu'elle n'avait pas d'autre objet que de satisfaire aux demandes de divers petits marchands colporteurs qui s'approvisionnent dans son magasin et que ces objets étaient pour des jeux d'enfants. Quant au cadet, il a nié avoir connaissance de la commande. Cette circonstance, jointe au refus de l'aîné de désigner les individus qui avaient demandé de ces médailles, n'était pas propre à détruire les soupçons sur leur compte. Je les avais recommandés à l'attention de la police locale qui les peint comme ayant, tous deux, jusqu'à présent, été entièrement éloignés des affaires politiques et uniquement livrés à leur commerce.

« De nouvelles perquisitions ont été prescrites et on a saisi des médailles à l'effigie de Bonaparte et des Aigles en forme de croix d'honneur, le tout en plomb. Le marchand Vial, chez qui on les a trouvées et le sieur Faure, dit Thêle, de qui il les tenait, ont été entendus. Le premier a prétendu qu'ayant la vue faible il avait confondu ces empreintes avec celles de l'effigie du Roi. Le second a assuré qu'il les avait achetées à Lyon chez la veuve Bonjour.

« Il est résulté des vérifications faites, par suite de ces renseignements, que les médailles dont il s'agit ne sont pas nouvelles. Les unes furent frappées, à Lyon, lors de l'assemblée où Bonaparte se fit nommer Président de la République Cisalpine, les autres remontent à l'époque du traité de Campo-Formio, et ont pour exergue : *Bonaparte Pacificateur* et, au revers : *Héros Français!*

« Quelle que soit la date de leur fabrication, ces médailles sont devenues, en ce moment, un signal recherché par l'esprit de parti et un objet de coupable spéculation. Ceux qui les vendent sont parvenus à persuader aux gens crédules des basses classes et aux habitants des campagnes que, lorsqu'ils en seront munis, ils seront à l'abri de tout danger au moment où Bonaparte rentrera triomphateur en France, *ce qui*, leur dit-on, *ne doit pas tarder* ».

Il importe d'arrêter ce délire d'insinuations perfides. Je donne, en conséquence, de nouveaux ordres aux préfets du Rhône et de la Loire pour qu'ils fassent rechercher, avec le plus grand soin, ceux qui, sous quelque prétexte que ce soit, ont encore de ces médailles et ceux qui les répandent par l'entremise des marchands forains et des colporteurs.

Il règne, d'ailleurs, un fort mauvais esprit dans le département de la Loire et, si la bonne intelligence qui existe, actuellement, entre les diverses autorités de Lyon a comprimé les malveillants, elle n'a pu encore arriver à changer les idées du peuple de cette ville. Plusieurs faits, plus ou moins importants, en fournissent la preuve.

Ainsi, un négociant nommé Massot, homme attaché au Roi, revenait dimanche dernier, vers le soir, d'une campagne voisine de la ville. Il ramenait avec lui trois ou quatre dames et autant de bourgeois. Comme ils traversaient le faubourg de Vaize, sept ou huit enfants abordent effrontément cette société et lui crient au nez : « Vive Napoléon! Vive Bonaparte! »

M. Massot les invite à crier plutôt : « Vive le Roi! » mais alors ces individus l'accablent d'outrages et font tant de bruit que deux ou trois cabarets s'ouvrent à la fois. Il en sort une cohue d'ouvriers qui, entourant les promeneurs, se mettent à vociférer : « Vive l'Empereur! Vive le Roi de Rome et son papa! »

Le négociant, cerné avec les personnes qui se trouvaient avec lui et menacé par ces furieux, craignit d'être jeté par eux dans la Saône; il feignit donc d'avoir été mal compris par eux et leur échappa ainsi. Les moins échauffés paraissant satisfaits, la troupe rentra, peu à peu, dans les tavernes et notre homme se hâta de sortir d'un quartier où il paraît dangereux de professer le royalisme.

Désordres graves à Rennes.

15 *janvier* 1815. — Si une certaine effervescence se manifeste dans le Rhône, les têtes sont beaucoup plus échauffées en Bretagne et les derniers événements, qui viennent de s'y produire, revêtent une certaine gravité.

S. M. a déjà été informée de la scène scandaleuse qui avait eu lieu, le 1er janvier, au théâtre de Rennes, au sujet de l'apparition, dans une loge, de M. Cadoudal et de quelques-uns de ses amis. Les clameurs avaient été beaucoup moins dirigées contre ces messieurs que contre M. le maréchal de Camp de Boisguy, qu'on croyait à la comédie, tandis qu'il se trouvait au bal de l'Hôtel de Ville.

M. de Boisguy a été envoyé à Rennes, par M. le Ministre de la Guerre, comme membre d'une Commission chargée de proposer des secours ou des pensions, en faveur des individus blessés dans les corps, connus en Bretagne sous le nom de Chouans. Il a fait, particulièrement, la guerre dans l'arrondissement de Fougères et on lui impute des atrocités qu'il est difficile de croire, mais qui ont pris, dans l'opinion, une très grande consistance. Il paraît que les parents de quelques victimes de M. de Boisguy, qui lui reprochent les malheurs de leurs familles, sont arrivés de Fougères. Ils ont beaucoup contribué à échauffer les têtes et à amener des événements qui, dans la journée d'hier, ont failli gravement compromettre la tranquillité publique.

Depuis le 1er janvier, les rapports de police annonçaient que les places publiques et les cafés retentissaient de menaces contre M. de Boisguy. Les autorités crurent devoir l'en prévenir. Le préfet écrivit même au maire de Rennes pour l'engager à veiller à la sûreté de M. de Boisguy. Ce magistrat répondit qu'il avait prescrit les mesures nécessaires. Les mêmes ordres furent donnés au capitaine de la gendarmerie, qui, de son côté, organisa des patrouilles et établit tous les moyens possibles de surveillance.

Cependant, on annonçait assez hautement que, le 10 janvier, jour de l'ouverture des séances de la Commission, il y aurait un rassemblement. Le 9, au soir, des pierres et même une balle furent lancées dans les fenêtres de l'hôtel occupé par M. de Boisguy qui, ayant eu occasion de se trouver, le soir même, avec les chefs des autorités, paraissait disposé à suspendre l'ouverture des séances de la Commission. Mais, on pensa que cette démarche pourrait être considérée comme un manque de fermeté et il fut résolu de ne rien changer à ce qui avait été arrêté. La gendarmerie, le lendemain matin, fut chargée d'occuper les avenues de la préfecture et de surveiller tous les mouvements. Des troupes furent disposées dans les casernes voisines et le reste de la garnison fut consigné.

Vers neuf heures, on vit plusieurs personnes se promener sur la place, en face de l'hôtel de la Préfecture; elles étaient paisibles et n'annonçaient rien de sinistre. On apercevait, d'ailleurs, çà et là, les gendarmes qui devaient dissiper tout ce qui aurait eu le caractère d'un rassemblement. Mais, au moment où la voiture dans laquelle était M. de Boisguy parut, on vit accourir de toutes les rues circonvoisines une foule d'enfants et de jeunes gens qui accueillirent l'équipage avec des huées et des injures. Des ordres furent aussitôt donnés pour dissiper le rassemblement.

Des gens sages s'interposèrent alors pour employer d'abord les voies de la persuasion, mais l'attroupement augmenta, bientôt, d'une manière alarmante; on y remarquait beaucoup de personnes étrangères à la ville et, assure-t-on, une quantité considérable d'étudiants en droit.

Pendant ce temps, les anciens Chouans, qui se présentaient à la Préfecture pour y être examinés par la Commission, étaient couverts de huées, frappés même quelquefois. D'un autre côté, la Commission, qui procédait à ses travaux, recevait à chaque moment des rapports alarmants, émanant soit du commandant de la place, soit de la gendarmerie.

Sur ces entrefaites, M. le lieutenant-général Bigarré, commandant le département, se porta au milieu de l'attroupement et tenta les voies de la persuasion. Ses efforts parurent, d'abord, produire un résultat favorable, mais il entendit bientôt retentir distinctement les cris de : « A bas Boisguy! Nous n'en voulons qu'à Boisguy! »

M. le lieutenant-général étant rentré dans le sein de la Commission et l'attroupement s'étant formé, de nouveau, avec les mêmes imprécations, le préfet prit alors le parti d'aller, lui-même, au milieu de cette foule égarée où il ne vit que des figures qui lui étaient étrangères. Il leur parla longtemps, leur disant qu'ils se mettaient en révolte contre le Roi et contre son autorité, etc... « Le Roi a été trompé! Il n'a pas voulu employer un monstre! A bas Boisguy! » Tels étaient les cris que faisaient entendre, non pas les individus qui se trouvaient près du préfet et qui paraissaient l'écouter avec attention, mais des gens qui étaient perdus dans la foule et qui ne pouvaient pas l'entendre.

Le préfet, voyant que toutes ses tentatives de conciliation étaient inutiles, envoya le maire, qui se trouvait dans la Commission, pour lire à la foule une proclamation portant injonction de se dissiper, sous peine d'y être contrainte par la force armée, à qui on donna en même temps des ordres. La proclamation du maire ayant été inutile, la troupe arriva et dispersa tout ce qui se trouvait devant la Préfecture; mais les rassemblements ne firent que s'éloigner. La voiture de M. le commissaire-ordonnateur Lenoble, qui sortait de la Préfecture, fut assaillie à coups de pierres, dans une rue adjacente; son neveu, qui s'y trouvait, fut fortement blessé à la tête et il n'échappa à une affreuse catastrophe qu'en se faisant connaître et en disant qu'il n'était pas M. de Boisguy.

La nuit approchant, des patrouilles furent poussées dans toutes les rues et sur toutes les places; peu à peu, les rassemblements partiels se dissipèrent et la nuit fut tranquille. M. de Boisguy, ne pouvant plus être en sûreté à Rennes, s'est déterminé à partir, la nuit même, pour Paris. Il est monté à cheval, dans la cour de la Préfecture, entre minuit et une heure.

On parle de provocations particulières et, entre autres, d'une tentative faite par un jeune homme pour arracher une croix de Saint-Louis. J'attends les rapports de la police pour fixer mon opinion sur ces faits et j'écris au Procureur du Roi pour recommander les poursuites les plus rigoureuses.

Cette émeute populaire est bien affligeante en elle-même et par les suites qu'elle peut avoir. Les partis n'ont jamais été éteints à Rennes, mais ils étaient, du moins, comprimés par la sagesse du gouvernement de S. M. Ils viennent de se réveiller avec une espèce de fureur. M. de Boisguy n'a pas caché que les anciens Royalistes s'étaient armés et on assure, d'un autre côté, que les étudiants en droit et d'autres jeunes gens s'étaient pourvus d'armes : il ne faut donc qu'une étincelle pour allumer l'incendie.

L'accord parfait des autorités civiles et militaires est un motif de sécurité et j'aime à me persuader que nous préviendrons toute espèce de troubles, mais il faudra beaucoup de surveillance et de sagesse. Toutes les mesures prises l'ont été, d'accord avec les chefs de l'autorité militaire. Le comte Frère, commandant la Division, a bien voulu se rendre à la commission et l'aider de ses lumières et de ses conseils. Tous ses membres savaient fort bien que la première goutte de sang répandue pouvait amener de funestes catastrophes et ils n'ignoraient pas que les artisans du désordre ne demandent, ordinairement, qu'un prétexte pour se livrer aux excès les plus déplorables. M. de Boisguy a été, évidemment, le but des imprécations populaires, mais, dans ces mouvements séditieux, il se mêle presque toujours des individus qui ont d'autres vues, d'autres projets dangereux pour la tranquillité publique.

D'ailleurs, le commissaire royal rend justice à la manière dont les troupes de la garnison de Rennes se sont comportées, ainsi qu'à la conduite des officiers qui tous, dit-il, sont animés du meilleur esprit. Malheureusement, on n'en peut dire autant des étudiants en droit; parmi les individus arrêtés, il y en a quelques-uns d'entre eux, ainsi que d'anciens officiers. M. le Duc de Dalmatie m'a informé que des ordres étaient donnés, conformément aux intentions du Roi, pour que les coupables fussent poursuivis et livrés aux tribunaux. Je donne, de mon côté, aux autorités locales, les instructions nécessaires sur la marche qu'elles ont à suivre.

C'est là, je dois le dire, une des nombreuses circonstances où j'ai lieu de regretter que la Police n'ait pas, sur les points les plus importants du Royaume, des agents directs. Il en résulterait plus de célérité, plus de certitude dans les renseignements que je reçois et plus d'influence, de ma part, sur les dispositions que les circonstances peuvent commander. Les préfets, dépendant du ministère de l'intérieur comme de moi, peuvent se trouver placés entre des impulsions plus ou moins différentes et, en tout cas, ils sont au moins distraits, par leurs occupations administratives, des soins souvent minutieux que la Police exige dans les moments difficiles.

Il ne faut pas se dissimuler que l'événement de Rennes va retentir avec éclat dans toute la Bretagne. Les deux partis, qui sont plus prêts que partout ailleurs à s'y choquer, s'en empareront avec avidité et s'en accuseront avec violence. Rennes est la ville qui a toujours donné le ton à la Bretagne, comme le prouve le fatal exemple de 1789 où l'incendie s'y alluma par des dissensions, entre la noblesse et les stagiaires, à la tête desquels était alors Moreau (1).

Les troupes sont heureusement bien changées; mais, il n'en est pas moins indispensable d'unir, dans ce pays, la fermeté à la prudence pour y prévenir toute explosion qui, en armant les deux partis l'un contre l'autre et la plupart des villes contre une partie des campagnes, aurait des conséquences incalculables à une époque où les dispositions des troupes seraient moins incertaines et où elles se partageraient peut-être elles-mêmes.

Je ne puis, sous ce rapport, qu'applaudir à la sagesse des autorités locales qui, d'accord avec les autorités militaires, ont empêché toute effusion de sang. Enfin, le retour de M. de Boisguy à Paris honore sa sagesse. L'ajournement qui en est naturellement résulté, dans les travaux de la commission, permettra d'examiner si un autre mode de parvenir au même résultat ne serait pas préférable.

(1) Le général Moreau, qui naquit à Morlaix, en 1763, faisait ses études de droit, à Rennes, au moment où s'y produisirent des troubles provoqués par les fausses mesures prises par Brienne contre les parlements. Il défendit avec énergie les privilèges de ces assemblées et mérita le surnom de *général du parlement*.

Funérailles de Mlle Raucourt.

17 *Janvier* 1815. — Un des inspecteurs de police de Paris m'adresse le récit des mouvements tumultueux qui ont éclaté, ce matin, à l'occasion des funérailles de Mlle Raucourt; je crois devoir l'envoyer au Roi, à la suite de ce rapport. De plus, j'ai réuni d'autres matériaux, afin de pouvoir soumettre demain à S. M. les détails de cette triste affaire et lui proposer les mesures qui me paraissent les plus appropriées aux circonstances.

Le calme a été entièrement rétabli, à Saint-Roch et autour de l'église, mais il n'est pas, ce soir, dans Paris, d'autre objet de conversation que les événements de ce matin; chacun les raconte à sa manière. Telle est la haine qui fermente contre le clergé que, le principal coupable, aux yeux de la grande majorité du public, ne peut manquer d'être M. le curé de Saint-Roch auquel l'opinion reproche déjà, avec violence, d'avoir, pour la seconde fois, provoqué une scène semblable, lors de la mort de Mlle Chamerois, célèbre danseuse de l'Opéra; il fut alors exilé.

Je suis loin de blâmer la conduite de M. le curé, sous le rapport ecclésiastique; il a pris sur lui de rétablir un ancien usage contraire à l'esprit des lois actuelles qui ont, en tout, placé les comédiens au rang des autres sujets et qui leur ont reconnu les mêmes droits, au point que la plupart d'entre eux sont dans la garde nationale, quelques-uns, même, officiers.

L'esprit de parti, qui s'empare de tout, fait principalement un crime à M. le curé de Saint-Roch de l'inconséquence avec laquelle, il y a moins d'un mois, il admettait Mlle Raucourt à donner, moyennant vingt-cinq louis, le pain bénit dans son église, pendant qu'il refuse, aujourd'hui, d'y recevoir son corps. Ce qui me paraît plus important c'est d'examiner les conséquences générales du principe contre lequel on se récrie et dont chacun feint de craindre vivement l'application arbitraire, pour lui ou les siens.

Un curé, se demande-t-on, sera-t-il le maître de se refuser à concourir à la sépulture de qui lui plaira, dès l'instant qu'il s'agit d'un individu né dans la religion catholique et qui n'en a fait l'abjuration par aucun acte connu? Si cela est, le curé pourra donc aussi, à son gré, imposer telles ou telles conditions antérieures à ces derniers devoirs envers les morts? Il pourra établir, dans les maisons, l'inquisition la plus gênante, y scruter les habitudes privées et tirer ensuite devant le public le voile mystérieux qui doit couvrir l'intérieur des familles!

Voilà sous quel aspect on présente malignement cette question et, à la suite, on affecte de voir arriver les excès de l'intolérance religieuse, la nécessité des billets de confession et l'opprobre, après la mort, pour la mémoire et pour les enfants de ceux qui n'auront pas jugé à propos de se soumettre à ces règles que le clergé sera libre d'établir, sous peine d'admission à l'église et de sépulture refusées !

On se demande, d'un autre côté, si, en raison de l'affaiblissement, malheureusement trop notoire, des convictions catholiques, il ne serait pas dans l'intérêt de la religion et du clergé d'adopter, comme hommage, le désir même de se conformer publiquement aux pratiques pieuses, tant pour soi que pour les parents ou amis qu'on vient de perdre, sans que personne pût aller fouiller dans le secret des consciences et dans les mystères des derniers sacrements dont Dieu est le véritable juge.

J'ose rappeler au Roi que ce ne sont pas ici de simples appréhensions et de vagues conjectures. S. M. en aura trouvé des traces dans des bulletins précédents. Il est quelques départements, notamment celui des Côtes-du-Nord, où le clergé a vraiment tenté de refuser la sépulture, en terre sainte, à diverses personnes, par cela seul qu'elles n'avaient pas appelé le curé, avant de fermer les yeux.

Le Roi daignera calculer quels avantages les ennemis du gouvernement peuvent tirer de ces exemples. En effet, sans accueillir leurs alarmes et leurs exagérations hypocrites, on sent cependant combien, en raison de l'état de division où sont les esprits dans les départements, bien plus encore qu'à Paris, il serait fâcheux que les ecclésiastiques, selon qu'ils seraient de tel ou tel parti, de telle ou telle nuance d'opinion religieuse ou politique, se crussent autorisés à fermer l'église et le cimetière à ceux qui seraient morts dans un avis opposé au leur. Ici, on contesterait les devoirs funèbres aux prêtres du Concordat, là, à ceux de la « Petite Église » (1); ici, aux acquéreurs ou aux votants; ailleurs, aux Chouans ou autres; sur d'autres points, à tous ceux que la haine et l'esprit de faction signaleraient de diverses manières.

Le clergé français, après tant de passions qui l'ont déchiré et dénaturé, n'offre peut-être pas une assez grande garantie de sagesse et de lumières pour qu'on lui confie, légèrement, des armes aussi dangereuses pour la tranquillité publique. Car de pareils droits, une fois reconnus aux bons prêtres, seraient également réclamés par les mauvais qui ne sont pas en petit nombre. Et alors, quelle source de désordres!

Rapport de l'Inspecteur de Police Mollevault.

Vers les onze heures du matin, en vertu des ordres reçus de M. l'Inspecteur général, je me suis rendu

(1) Nom donné aux ecclésiastiques qui, après avoir refusé, en 1790, le serment à la constitution civile du clergé, refusèrent, en 1801, d'adhérer au Concordat de Pie VII avec le Premier Consul. On les appela aussi, quelquefois, les *Louisets*, parce qu'ils ne reconnaissaient d'autre autorité politique que celle de Louis XVIII.

devant le domicile où est décédée Mlle Raucourt, actrice du Théâtre Français, rue du Helder n° 2, à l'effet de surveiller le convoi de cette actrice. Il y avait un grand rassemblement devant la maison, occasionné par le bruit, généralement répandu, que M. le curé de Saint-Roch refusait de recevoir le corps mort à l'église. Je suis resté là jusque vers une heure, où le convoi s'est mis en marche; pendant ce temps, le rassemblement est devenu plus considérable; chacun blâmait la conduite du curé de Saint-Roch et les propos les plus injurieux, contre le clergé, se faisaient entendre dans presque tous les groupes. La voix générale était qu'il fallait conduire et présenter le corps mort à l'église, d'autorité, et que là on verrait si le curé oserait en refuser l'entrée. Plusieurs individus, que j'ai reconnus pour être des artistes de différents théâtres, criaient : « Mes amis, point d'émeute! Point de troubles! Soyez tranquilles, le corps ira à l'église! » La foule criait : « A l'église, à l'église! » Le convoi s'était mis en marche; le cocher voulut suivre le chemin indiqué par le commissaire chargé du convoi et passer sur les boulevards; mais la foule s'y est opposée et a arrêté les chevaux, en criant : « A l'église, à l'église! » Les efforts du commissaire ont été inutiles, le cocher a été obligé de suivre la rue de la Michodière et de prendre la direction de l'église Saint-Roch. Le convoi a été arrêté plusieurs fois en route, le maître des cérémonies et le commissaire voulant toujours rejoindre les boulevards. Une foule immense précédait et suivait le convoi; la plus grande partie disait: « Il ne faut pas que les prêtres aient le dessus. Pourquoi refuser l'entrée de l'église à ce corps, puisque le curé a souffert que, depuis peu, Mlle Raucourt rendît le pain bénit et qu'il a reçu vingt-cinq louis pour les pauvres, en cette occasion? »

Arrivé devant le portail de Saint-Roch, la grande porte s'est trouvée fermée; la foule s'est précipitée dans l'église par les portes latérales, en criant : « Il faut enfoncer la porte; il faut que le corps entre à l'église! Que l'on aille chercher le curé! » Plusieurs individus se sont mis en devoir de forcer la grand' porte; le trouble était à son comble dans l'église et les plus violents murmures se faisaient entendre contre le clergé. Pendant que le peuple était occupé à forcer la porte de l'église, on est parvenu à faire avancer le corbillard et on a pris la rue Traversière pour joindre les boulevards; mais, lorsqu'il est parvenu à la rue Sainte-Anne, la foule est accourue et a forcé le convoi à suivre la rue des Frondeurs, pour se rendre à Saint-Roch. En ce moment, il est arrivé un piquet de garde qui n'a pu empêcher le peuple de s'emparer du corps et de le porter, par une des portes latérales, dans le chœur de l'église.

Pendant tout le trajet du convoi, les croisées étaient remplies de monde et la plus grande partie des gens criaient : « A l'église! à l'église! »

Il est à remarquer que, dans la plus grande effervescence du peuple, l'église retentissait des cris de « Vive le Roi! » Plusieurs groupes disaient : « Le bon Roi sera trompé, encore une fois, par les prêtres! »

A la sortie du corps, la foule s'est retirée insensiblement de l'église et tout est rentré dans l'ordre.

Même sujet.

18 *Janvier* 1815. — Je crois devoir ajouter de nouveaux détails sur les causes premières de l'attroupement criminel qui s'est formé, hier, à Saint-Roch. Ils contribueront à fixer l'opinion du Roi sur un événement qui a eu le fâcheux inconvénient d'exciter un mouvement dans une partie du peuple, mais dont le résultat a été tout en faveur de Sa personne.

MM. les grands-vicaires de Paris et M. le curé de Saint-Roch, qui déclare avoir reçu d'avance des ordres de l'Archevêché, auraient dû m'en informer, puisqu'ils avaient, dès la veille, résolu un refus que j'eusse alors été à portée de soutenir par des moyens efficaces et, au besoin, par un appareil de forces convenable.

Le silence mystérieux dont l'autorité ecclésiastique s'est enveloppée, en cette circonstance, peut-être de peur d'être contrariée, a préparé l'apparente surprise où s'est trouvée l'autorité civile à laquelle, le matin même, rien ne pouvait faire pressentir de pareils désordres, puisqu'il résulte d'un rapport authentique que les ordonnateurs du convoi avaient, chez Mlle Raucourt, elle-même, renoncé à le conduire à l'église.

Le reste a été l'ouvrage, soit de combinaisons malveillantes dont je poursuis les traces, soit de hasards imprévoyables que la mutinerie de la multitude amène au moment où l'on s'y attend le moins, si elle se sent, tout à coup, froissée dans ses préjugés ou dans les habitudes qu'elle a prises.

L'immoralité du peuple est telle, en France, après une si longue Révolution, que le retour vers les usages, autrefois les plus consacrés, semble aujourd'hui une innovation pour le grand nombre qui a oublié, ou qui n'a jamais connu, un passé qu'on s'est tant attaché à calomnier, à ses yeux.

C'est là ce qui explique le déchaînement d'opinion qui se manifeste, depuis hier, dans Paris, contre la conduite de M. le curé de Saint-Roch, comme s'il avait tenté une entreprise inouïe! Ce déchaînement est si violent dans les salons, dans les cafés, dans les boutiques, dans les cabarets, dans les endroits publics, parmi tout ce qui est, depuis vingt-cinq ans, entré dans le monde politique et dans le monde militaire, qu'à en croire ce délire, il n'est pas de punition dont on ne proclame digne M. le curé de Saint-Roch!

Ce qui tempère un peu cette espèce d'indignation, vraiment inconcevable, c'est l'idée, généralement répandue, que le Roi l'a blâmée, comme le public, et que S. M. a expédié l'ordre de faire recevoir le corps dans l'église. Beaucoup de personnes sont même persuadées que c'est Elle qui a envoyé les ecclésiastiques de sa chapelle pour chanter l'office des morts et rien n'ajoute davantage à la popularité universelle dont jouit le Roi. Un signe non équivoque de cette conviction fut le concert de « Vive le Roi! » qui s'éleva dans l'église, à l'instant où l'on vit paraître les prêtres pour commencer les prières.

Je me suis assuré que les portes de l'église n'avaient point été forcées, comme on l'a dit; qu'elles ne furent ouvertes que par l'intérieur, lorsque le corps était déjà entré par l'une des portes latérales qu'on n'avait pas songé à clore et qu'aucun cri de « Vive l'Empereur » n'a été entendu, ni au dehors ni au dedans de l'église. Le mouvement est déjà, en lui-même, assez fâcheux et assez coupable, sans qu'on l'aggrave encore par des circonstances imaginaires.

Mais, ce n'est ni un essai de bonapartisme, ni une tentative anti-royaliste. C'est la plus étrange explosion de haine de la multitude contre le clergé, d'une part, et, de l'autre, une lutte de la vanité des comédiens de Paris pour empêcher qu'un curé ne les dépossédât ainsi, de sa propre autorité, de l'égalité civile à laquelle les lois et la Révolution les ont appelés. Tout ce que j'ai recueilli et entendu, de cent côtés, ne me permet pas de considérer ce mouvement séditieux sous un autre aspect.

La rapidité avec laquelle cette agitation des esprits avait, dès hier soir, gagné les faubourgs, est remarquable. Ce n'étaient plus, selon les rapports que j'ai entre les mains, les mauvaises plaisanteries d'usage contre les prêtres et particulièrement contre le curé de Saint Roch, c'étaient de véritables imprécations et des jurements qui retentissaient partout. Le même langage n'a pas été moins vif dans les casernes, parmi les officiers surtout.

On a affiché, la nuit dernière, dans divers quartiers de Paris, dans la rue Royale, au coin de la place d'Austerlitz, près du Louvre et des Tuileries, un placard à la main, en écriture déguisée, conçu en ces termes : « *Mademoiselle Raucourt aux habitants de Paris! Les prêtres ne sont pas ce qu'un vain peuple pense*... (ici les deux vers impies de Voltaire). *Les honnêtes gens sont invités à ne plus assister à la messe de l'infâme curé de Saint-Roch. Vive le Roi! à bas les fanatiques!* »

J'avais fait, de très bonne heure, arracher ces placards posés à la faveur de l'obscurité et je vais faire, ce soir, tendre quelques embuscades pour tâcher de saisir quelques-uns de ceux qui en reproduiraient de semblables.

Ce matin, vers onze heures, une centaine d'individus s'étaient réunis en groupes sous l'orgue, dans l'église Saint Roch, tant pour voir quels avaient été les dégâts commis hier, que pour crier contre les prêtres et peut-être les insulter; mais ils ont été bientôt dispersés.

Voici encore quelques détails authentiques que j'ai recueillis sur cette lamentable affaire :

Les billets d'invitation au convoi de Mlle Raucourt étaient en forme de lettres et portaient simplement l'invitation d'assister à son convoi et enterrement, il n'y était nullement question du service divin.

M. Thévenot, ordonnateur du convoi, lorsqu'il arriva à la maison mortuaire, trouva l'assemblée divisée d'opinions et discutant si le corps serait ou non conduit à l'église. Ceux qui prétendaient que cela ne pourrait leur être refusé s'appuyaient sur les termes de la loi du 23 prairial an 12, titre 5, art. 19, qui n'est pas rapportée, et sur le décret du 18 août 1811, qui porte à l'article IV :

« L'entrepreneur sera tenu de transporter les corps à l'église ou au temple, toutes les fois qu'il n'aura pas reçu, par écrit, d'ordre contraire, sans pouvoir demander aucune rétribution ».

L'opinion de ceux qui ne voulaient pas que le corps fût porté à l'église, pour éviter la honte d'un refus et le scandale, ayant été adoptée, le convoi partit de la maison mortuaire pour aller directement au cimetière du Père La Chaise.

Le nommé Jacques Lanau, cocher, qui conduisait le corbillard, ignorant les discussions qui avaient eu lieu et croyant que le corps devait aller à l'église, traversa le boulevard pour prendre la rue de la Michodière. A l'entrée de cette rue, les deux ordonnateurs lui demandèrent où il allait et lui donnèrent ordre de détourner pour suivre le boulevard. A l'instant où il détournait les chevaux, un attroupement de curieux s'empara de la bride des chevaux en criant « A Saint-Roch ! » et conduisit ainsi les chevaux jusqu'à l'église.

En ce moment, l'un des deux ordonnateurs fut frappé par des personnes qu'il ne peut désigner. M. Huet, acteur de Feydeau, qui était en uniforme de garde national, prit sa défense et le retira des mains de ceux qui le frappaient.

Le convoi étant arrivé à l'église, une députation des assistants a été demander au curé, qui était dans la sacristie, qu'il voulut bien recevoir le corps. L'ordonnateur le pria, même, de céder aux désirs de la multitude; mais le curé répondit qu'il ne recevrait pas le corps, qu'il avait des ordres contraires de l'Archevêché et, sur son refus de les montrer, quoiqu'il déclarât les avoir représentés à M. Joli, un des assistants, M. Paul, du théâtre Feydeau, lui dit qu'il était faux, qu'il eût des ordres, puisqu'il ne les représentait pas.

Après cet intervalle, qui a duré moins de vingt minutes, ceux qui avaient été en députation dirent qu'ils ne voulaient point occasionner d'esclandre et ils donnèrent au cocher l'ordre d'aller au cimetière.

Le convoi partit, arrivé rue Traversière, en face du passage Saint-Guillaume, des personnes qui le suivaient depuis l'église arrêtèrent le char et dételèrent les deux chevaux, malgré les instances de plusieurs assistants, notamment de M. Juliet, acteur de Feydeau, qui dit, à haute voix, que les assistants n'avaient plus l'intention d'aller à l'église.

Ces représentations ne furent pas écoutées; M. Comminges, commissaire de police, M. Fouques, officier de paix, et plusieurs inspecteurs de police firent tout ce qu'ils purent, mais vainement, la foule était devenue trop considérable; le char fut donc reconduit à Saint-Roch. Ce fut là, seulement, que les deux chevaux qui avaient été dételés rue Traversière furent attelés de nouveau. Le corps fut ensuite monté à l'église, par les porteurs de l'administration de l'entreprise des convois; les personnes attroupées voulaient le monter, elles-mêmes, et il a été entré dans le chœur, par dessus les balustrades qui étaient fermées.

Les rapports précédents ont fait connaître la suite de cet événement et l'opinion publique qui s'est montrée presque unanime contre l'opiniâtreté du curé de Saint-Roch.

Appréhensions au sujet de l'anniversaire de la mort de Louis XVI.

19 *Janvier* 1815. — Aux explosions d'humeur qui continuent contre l'affaire de Saint-Roch se mêlent, dans le public, d'assez vives alarmes sur la manière dont se passera le 21 janvier. Je ne crois à aucun complot et je suis convaincu, d'après les observations les plus attentives, qu'il n'existe rien de combiné, d'avance, dans aucun parti; que les alarmes, d'une part, les désirs de vengeance, de l'autre, sont également vagues et indéterminés. Mais, malgré les précautions sans nombre qui seront concertées entre les autorités et multipliées sur tous les points de la capitale, qui peut prévoir les conséquences d'une querelle, s'il en survenait entre les diverses classes de corps militaires qui seront sous les armes? Qui peut répondre des hasards, au milieu d'esprits déjà échauffés?

C'est donc à diminuer les chances du hasard et des accidents que doivent s'attacher toute la sagesse et le dévouement le plus entier au Roi.

J'ose dire à S. M. qu'elle ne saurait faire recommander, avec trop de soin, à la partie de sa maison qui sera sur pied, d'éviter, surtout dans la journée qui s'approche, tout ce qui tendrait à irriter les partis et à engager des discussions, soit avec la troupe de ligne, soit avec la garde nationale.

Il me semblerait désirable que le convoi partît de bonne heure de Paris, parce que la marche sera longue, que les cérémonies de Saint-Denis consommeront une grande partie de la journée et qu'il serait fort utile que le cortège et les troupes puissent être rentrés dans Paris avant la nuit. C'est l'obscurité qui peut inspirer de mauvaises pensées aux uns comme aux autres, lorsqu'on revient pêle-mêle et en masse.

J'aurais surtout craint ce danger s'il eût été vrai, comme on me l'avait mandé aujourd'hui de Saint-Denis, qu'on y eût préparé un banquet de huit cents couverts, à la suite de la pompe funèbre. Une telle réunion, en un jour de deuil et de larmes, ne m'eût pas paru heureuse, à côté des restes précieux qu'on va rendre à leur dernier asile. Elle eût offert de graves inconvénients, parce que quelque fatale proposition aurait pu, au milieu des vapeurs du vin, après une marche pénible, sortir d'un pareil rassemblement. Mais, on m'a assuré, ce soir, que rien de pareil n'a été projeté, et tant mieux. Les conseils de prudence ne sauraient être trop entendus, au milieu de l'effervescence qui s'empare de certaines têtes.

On a débité, aussi, que beaucoup de jeunes gens à cheval se disposaient à suivre le cortège et qu'ils parlaient de se rassembler, au retour, pour s'approcher des Tuileries et y crier : « A bas la charte! A bas les votants! »

L'opinion que j'ose soumettre au Roi est qu'il importe de prévenir tout attroupement, quel qu'en soit le but, et d'étouffer toute clameur qui ressemblerait à des provocations contre qui que ce fût. J'inclinerai même à écarter du cortège, pour mieux y maintenir le bon ordre, ceux qui ne feraient pas partie de la maison du Roi, de l'État-Major, de la garde nationale ou de la troupe de ligne. Il ne faudrait, en effet, que quelques brouillons, dans une rentrée nocturne, pour jeter un désordre incalculable.

Je m'entendrai avec l'autorité militaire et avec M. le commandant général de la garde nationale afin que, le soir et durant la nuit, de nombreuses patrouilles parcourent les rues et dissipent les groupes qui voudraient se former, ou aller insulter certaines maisons, quelque coupables que puissent être ceux qui les habitent! Car, un pareil signal une fois donné à la licence en ce genre, qui sait où l'on s'arrêterait et quel parti prendraient et la troupe et la garde nationale?

Des hommes imprudents et irréfléchis s'efforçent de faire disparaître les nuances d'opinions pour ne laisser voir, comme en 1789, que deux grands partis : ceux qui ont embrassé la Révolution et ceux qui l'ont constamment repoussée. Il importe de ne pas fournir aux premiers, fiers de leurs succès de vingt-cinq ans et de l'appui qu'ils croient trouver dans l'armée, l'occasion de se compter et de se séparer de leurs anciens adversaires qu'ils se flatteraient d'écraser, en cas de lutte, par la seule puissance du nombre.

J'ai rendu une ordonnance pour faciliter le mouvement du cortège dans Paris et sur la route de Saint-Denis. J'ai, également, fait prescrire, à Saint-Denis, les dispositions convenables pour l'arrivée, le stationnement et le départ des voitures. J'y enverrai des inspecteurs de police et des officiers de paix de Paris, pour seconder les autorités locales.

Cérémonie funebre à Saint-Denis.

21 *Janvier* 1815. — Les fâcheux pressentiments, les sinistres prédictions sont restés sans effet, comme j'avais osé le garantir au Roi. La pompe funèbre a

été noble et imposante, dans Paris comme à Saint-Denis. Un peuple immense l'a entourée de ses hommages et de ses respects. Nul cri de proscription ni de vengeance ne s'est fait entendre. L'esprit de clémence du Roi a dominé et comme inspiré, tous les cœurs!

A la journée la plus calme a succédé une nuit aussi paisible et aussi silencieuse; il y a eu encore moins de désordres que de coutume et, si le moindre mouvement avait été tenté, les mesures étaient prises pour le réprimer, à l'instant.

Dès onze heures du soir, on ne rencontrait guère dans les rues que les patrouilles qui se succédaient et qui se croisaient.

L'heureuse tranquillité dont nous avons joui aujourd'hui me semble du plus favorable augure; les partis vont s'apaiser, car ils ont vu leurs alarmes et leurs espérances également vaines devant la profonde sagesse de celui qui sait imposer à tous et entraîner au pied de son trône les passions les plus effervescentes, de quelque nom qu'elles cherchent à se couvrir.

Le cortège funèbre s'est mis en marche, du cimetière de la rue d'Anjou, à 9 heures précises du matin; il est arrivé à Saint-Denis vers une heure. Un peu d'incertitude s'y est d'abord manifestée; on a eu quelque peine à prendre les rangs, mais l'ordre était rétabli avant qu'on fût sorti de la rue du faubourg Saint-Honoré. Peu de foule se trouvait, d'ailleurs, de si bonne heure, aux environs de la rue d'Anjou. Elle s'est grossie depuis le boulevard des Capucines jusqu'à la porte Saint-Denis. Là, l'affluence a commencé à être grande; elle est devenue immense depuis la porte Saint-Denis et tout le long de ce faubourg, au point que la circulation y était très difficile. A l'approche de la barrière, le concours des spectateurs a naturellement diminué.

Un silence religieux régnait sur tous les points où passait le convoi; nulle part il n'est échappé d'observations improbatrices. Les cent Suisses environnaient le char où étaient placées les dépouilles mortelles des deux augustes époux; ils invitaient le public à se découvrir et on a partout obéi, sans le plus léger murmure. Un certain nombre de boutiques étaient fermées; deux seules maisons étaient tendues en noir sur le boulevard des Italiens et sur celui de Bonne-Nouvelle. Cet exemple n'a pas été imité ailleurs.

Quelques cris de : « Vive le Roi! » se sont échappés des cœurs, à la porte Saint-Denis. Mais, on a bientôt senti que cette journée était celle des regrets, plus que celle des vœux, même les plus chers, et on s'est tu.

Au village de la Chapelle, près la barrière Saint-Denis, un caporal du 12e régiment d'infanterie légère, pris de vin, sortait du cabaret de Sainte-Geneviève avec un soldat. Ils ont proclamé le nom de Bonaparte et fait de coupables protestations, en sa faveur. La garde nationale les a arrêtés et fait conduire à l'État-Major. Un autre individu, nommé Obled, a aussi été arrêté à la Chapelle, pour mutinerie, et envoyé à la police de Paris.

Depuis la barrière, jusqu'à Saint-Denis, la plupart des cavaliers qui accompagnaient le cortège ont été obligés de descendre de cheval, tant à cause du froid que de la difficulté de marcher sur la glace. Pendant ce trajet, les soldats souffraient et se plaignaient un peu; mais tout s'est borné à des propos sans violence.

Après l'arrivée du cortège à Saint-Denis, on a été obligé d'interdire l'entrée de la ville à la multitude qui accourait, non seulement de Paris, mais des villages voisins. Lorsque le char a dépassé les premières maisons, un certain nombre de voix ont crié : « Vive Monsieur! Vive le comte d'Artois! » — S. A. R. s'est empressée de se montrer à la portière de sa voiture pour recommander le silence de la voix et du geste, ainsi que le prescrivaient les pieux devoirs dont on s'occupait.

Dans la basilique de Saint-Denis, la cérémonie a

été majestueuse. On y a vu couler beaucoup de larmes. L'oraison funèbre, prononcée par M. l'évêque de Troyes, a paru affecter vivement Monsieur qui a laissé échapper quelques sanglots. Cependant, ce discours ne paraît pas avoir réuni tous les suffrages. On prétend que quelques morceaux respiraient une certaine violence, plus que de la charité évangélique. On s'est plaint, aussi, de ce que les décorations de l'église de Saint-Denis n'avaient pu être complètement achevées, ce qui a nui un peu à l'ensemble du coup d'œil.

Vers deux heures et demie, la maison militaire du Roi a commencé à défiler pour rentrer dans Paris ; il n'en est resté à Saint-Denis qu'un détachement. Enfin, à cinq heures et quart, le service funèbre a été entièrement terminé et les voitures ont pu défiler sans embarras, grâce au bon ordre qui avait été établi.

La rentrée dans Paris s'est faite avec ordre et sans aucune clameur inconvenante. Néanmoins, on assure qu'au canal de l'Ourcq des patineurs ont insulté des séminaristes qui se promenaient et ont, à ce sujet, lancé des sarcasmes contre le clergé.

Le service funèbre qui s'est fait dans les églises de la capitale avait, en général, attiré peu de monde, si ce n'est à Saint-Roch où l'affluence était grande. Quelques mauvais propos ont été tenus dans cette église; on y a arrêté un individu nommé Barbe, écrivain de profession. A Notre-Dame, il y avait peu de monde, car il ne s'y est présenté que seize voitures.

Peut-être faut-il tirer quelques conséquences du caractère de légèreté que le peuple de Paris a montré, en cette grande circonstance. C'est qu'il n'est pas encore assez revenu aux habitudes religieuses, pour qu'il soit politique de multiplier beaucoup ces sortes de cérémonies qui finiraient par rencontrer une sorte de froideur et d'indifférence, lorsque l'intérêt de la curiosité aurait été satisfait.

Un autre sentiment, plus honorable, a percé dans les propos recueillis au milieu de l'affluence. C'est la crainte du peuple de se voir réputé complice du crime le plus horrible de la révolution et une sorte de répugnance à l'idée d'une expiation pour son compte. « L'assassinat du meilleur des rois a été, se disait-on, le crime d'une faction atroce qui, après le 10 août, s'était emparée de la France pour l'opprimer et la décimer. C'est donc cette faction qui, seule, a été coupable du régicide dont nous avons, dès lors, tous gémi sans pouvoir l'empêcher ».

La vanité nationale est si susceptible, en France, qu'il pourrait être utile qu'on adoptât constamment, dans les actes du gouvernement comme dans les écrits publiés sous son influence, cette manière d'isoler entièrement un petit nombre de grands coupables et d'écarter tout soupçon de la masse.

Lettre d'un agent à l'Ile d'Elbe.

22 *Janvier* 1815. — « Les départs des Français de la garde de Bonaparte, m'écrit-on de l'Ile d'Elbe, se succèdent de manière qu'il ne conservera bientôt plus que les deux tiers de ceux qu'il avait emmenés; douze grenadiers se sont embarqués pour Gênes, il y a trois mois, sur un des bâtiments napolitains qui étaient abordés à Porto-Ferrajo. »

« Ce n'est pas là une preuve de grande espérance autour de Bonaparte. On y voit, en effet, plutôt de l'inquiétude et de la défiance. Aussi, l'espionnage devient-il plus actif contre tout ce qui aborde du dehors à l'Ile d'Elbe. On parle, même, de l'arrestation d'un général, accusé d'avoir engagé les Polonais à repasser sur le continent. »

« Bonaparte vient de recevoir des lettres de Marie-Louise avec son portrait et celui de son fils. Il n'a pas manqué de le répandre, à cause des bruits qui couraient sur son divorce. Il sent bien, d'ailleurs, que ce n'est que par l'influence de Marie-Louise sur son père qu'il peut espérer rester à l'Ile d'Elbe; si tout entre eux était rompu, il ne serait plus considéré, à Vienne, que comme un odieux aventurier, trop heureux qu'on lui offrît, après avoir été le fléau de l'Europe, un asile sur quelque point que ce fût du globe. Mais, Bonaparte se flatte que la vanité de la maison d'Autriche, tant qu'il sera mari d'une Archiduchesse, combattra, en sa faveur, contre les intérêts de la politique la plus évidente et ne permettra pas sa déportation ».

« On se demande, d'un autre côté, comment l'Autriche qui, l'été dernier, aux eaux d'Aix, avait l'air de mettre beaucoup de soins à prévenir toute communication entre les deux époux, s'y prendra pour empêcher des relations intimes, en cas que Marie-Louise vienne bientôt à Parme, comme on le croit dans toute l'Italie, et comme l'annoncent des préparatifs réels et jusqu'à l'ameublement des palais royaux? Rien ne s'opposera à ce que Bonaparte aille, en une nuit, débarquer de Porto-Ferrajo à la côte de Lucques et que, de cette ville, par les chemins peu fréquentés des montagnes, il n'arrive sûrement, en moins de vingt-quatre heures, *incognito*, à Parme. »

« Ce rapprochement, qui n'exige pas une absence de six jours, aisée à cacher, n'eût-il pas d'autre inconvénient que de multiplier les fruits d'une aussi bizarre parenté, devrait donner à réfléchir à Vienne! Ajoutez, à cela, la facilité de nouer alors, par Parme, des correspondances, des intrigues et des complots dans cette Italie que l'Autriche convoite depuis longtemps et qu'elle semble jouer, aujourd'hui, avec la protection qu'elle accorde à Bonaparte et à son lieutenant Murat! On serait tenté d'en conclure, ou que Bonaparte ne demeurera pas à l'Ile d'Elbe, ou que Marie-Louise n'aura pas la permission d'aller résider à Parme, quoi qu'on en dise. »

« Ce n'est pas le grand-duc Ferdinand qui empêchera Bonaparte d'aller et de venir à son gré. Accoutumé à le flatter si longtemps, jusque dans les Tuileries, on serait tenté de soupçonner qu'il a encore peur d'un pareil voisin ».

« On regarde toujours comme certaine la réconciliation entre Bonaparte et Murat. Ils la nient tous les deux, en la cachant assez mal; mais on cesserait d'être aussi réservé, au moment où un intérêt commun l'exigerait. »

« Le brick de Bonaparte fait, dit-on, de fréquents voyages à Naples, sous divers prétextes. Cependant, on assure que, pour mieux dissimuler ce concert, Bonaparte a, dernièrement, fait quitter la décoration de Naples à quelques-uns de ses officiers qui l'avaient obtenue de Murat pendant un voyage ».

« Bonaparte vient d'arrêter, qu'à dater du 1er janvier, les six compagnies de sa garde n'en formeront plus que quatre. Il y a eu, récemment, un grand banquet chez lui; il avait douze personnes à sa table. La princesse Borghèse et le général Bertrand, en qualité de Grand-Maréchal, faisaient les honneurs d'une seconde table où il y avait plusieurs Anglais. »

« On remarque que l'ex-Empereur paraît beaucoup plus joyeux, depuis quelques jours. Il donne des bals et fait réparer sa garde-robe. »

« Depuis peu de jours, des canonniers travaillent à rentrer des pièces de campagne à la Linguella, lieu fermé qui se trouve sur le bord de la mer et qui serait très commode pour un embarquement secret. On dit, aussi, que l'on prépare de l'artillerie légère et que l'on encaisse des fusils. Enfin, un témoin oculaire m'affirme avoir vu transporter les pièces du fort qu'on a appelé Saint-Cloud; elles ont été remplacées par des canons de douze venant de Porto-Longone. »

« Ces mouvements doivent se rattacher à quelque plan que je n'ai pas la prétention de percer, car il est encore caché dans l'âme de l'homme le plus fourbe des temps modernes. »

« Mais, j'ai, moi-même, appris de ceux de ses gens qui se fient à moi que, sans être aperçus, ils avaient entendu dire à quelques-uns des principaux personnages entourant Bonaparte que, sous peu, il y aurait du nouveau. Cela m'a été aussi confirmé par un sergent-major de la garde. Il était persuadé que, dans deux mois au plus, on verrait du changement. »

« Les confidents de Bonaparte se montrent bien plus discrets que de coutume, comme s'ils avaient des secrets à garder. Ils se parlent à demi-mot. Il faut qu'il se trame quelque chose, mais j'ignore en quel sens!... »

CHAPITRE VI

24 *Janvier* 1815. — Il me semble utile de revenir sur les événements qui se sont produits à Rennes et de bien en préciser le caractère, d'après les derniers rapports que j'ai reçus. Réflexion sur les émeutes d Rennes.

L'émeute, qui a eu lieu dans cette ville, a été causée par la haine contre M. de Boisguy, ancien chef des Chouans, parce que, ainsi que je l'ai déjà dit, il est accusé d'avoir, dans ces temps de calamité, désolé le pays par toutes sortes d'excès. Il était donc peu politique d'envoyer, avec un caractère honorable, cet ancien chef, aux yeux de ceux qui se croient ses victimes. Aussi, est-ce sa présence qui a soulevé les murmures et excité la populace. On a eu tort, sans doute, mais c'est un fait. Actuellement, les esprits sont montés et le mal eût été sans remède, sans la sagesse des autorités locales qui ont prévenu l'effusion du sang et, peut-être, l'éclat de la guerre civile.

Voici quelques réflexions suggérées par ces événements au maire de Saint-Malo. Il me semble utile de mettre sous les yeux du Roi certains passages de la lettre qu'il vient de m'adresser et qui fait bien connaître à quel point les esprits sont montés, en Bretagne, où, suivant son expression, « les partis sont toujours en présence, et où il ne faudrait qu'une amorce brûlée pour embraser tout le pays ».

« ... Vous savez quelle différence l'opinion des Bretons met entre les Vendéens et les Chouans! Ils reconnaissent dans les premiers des hommes qui s'étaient véritablement armés pour la défense du trône, tandis qu'ils sont convaincus que la plupart des seconds n'avaient pris les armes que pour piller, exercer des vengeances, s'indemniser des acquéreurs des biens nationaux et donner un libre cours à des passions personnelles ».

« C'est ainsi que, dans le pays le plus obstiné de la France, on persiste à juger ce genre de guerres où l'on voit, d'une part, l'intérêt de la royauté et, de l'autre, une cupidité individuelle, sans but politique. On y soutient, en outre, que la pacification étant faite, depuis longtemps, sous Bonaparte, ce n'est ni à l'une ni à l'autre qu'on doit le doux bienfait de la Restauration ».

« Les gens sensés et impartiaux font honneur à la bonté si naturelle au cœur du Roi de l'idée d'indemniser tous ceux qui ont eu l'intention de le servir, mais ils pensent que les travaux d'une commission de ce genre, relative aux Chouans, n'aurait pas dû avoir de publicité, dans un pays où les esprits s'agitent et s'inquiètent facilement, où les partis sont toujours prêts à s'alarmer et où les ressentiments ne sont pas éteints ».

« La division, à l'infini, des propriétés, par suite de la Révolution, rend intéressée au maintien de ses principes la presque totalité de la nation bretonne. En nulle autre partie de la France, le paysan n'est aussi attaché à sa propriété, quelque faible qu'elle soit; et, une fois qu'elle a été acquise par lui, il est prêt à la défendre au prix de son sang ».

« Rien n'est donc plus dangereux que d'aigrir une population naturellement brave, qui s'irrite encore par les résistances qu'elle rencontre à ce qu'elle croit être la justice pour elle. Il faut, en conséquence, que le gouvernement en étudie bien l'esprit et se défende des fausses mesures qui auraient de si graves inconvénients ».

Le général Exelmans.

26 *Janvier* 1815. — J'apprends que M. le lieutenant-général comte Exelmans est, depuis hier soir, à Paris et est descendu chez lui (1).

(1) Le comte Exelmans naquit à Bar-le-Duc en 1775. Nommé général de division à la bataille de la Moskowa, il commandait la cavalerie impériale pendant la campagne de France. Le gouvernement de la Restauration le mit en disponibilité, le 12 septembre 1814, avec ordre de quitter Paris dans les 24 heures.

Le conseil de guerre l'a, le 23 de ce mois, acquitté, à l'unanimité, sur tous les griefs ainsi articulés par M. le Ministre de la Guerre :

1° Il a entretenu une correspondance avec l'ennemi, sans la permission, par écrit, de ses supérieurs, pendant qu'il était employé comme inspecteur général des troupes de cavalerie. C'est avec l'ennemi, parce que le Roi n'a pas reconnu Joachim Murat pour roi de Naples et, qu'eût-il même écrit à un prince allié ou ami de S. M. il eût été répréhensible (1).

2° Il a commis un acte d'espionnage en écrivant à Joachim Murat que des milliers de braves officiers, instruits à son école et sous ses yeux, seraient accourus à sa voix, si les choses n'eussent pas pris une tournure aussi favorable pour lui.

3° Il a écrit des choses offensantes pour la personne et la puissance du Roi.

4° Il a désobéi aux ordres que le Ministre de la Guerre lui a donnés, de la part de S. M.

Le général, ayant essayé de se soustraire à cet ordre arbitraire, un détachement de gendarmerie envahit sa demeure; mais il réussit à s'évader et, après s'être caché pendant quelques jours, il alla se constituer prisonnier à Lille où il fut acquitté à l'unanimité par le conseil de guerre réuni pour le juger. C'est à cet incident qu'il est fait allusion dans le rapport ci-dessus.

(1) On reprochait, surtout, à Exelmans d'avoir écrit à Murat pour le féliciter d'avoir pu conserver, jusqu'alors, sa couronne. Cette lettre fut trouvée entre les mains du médecin de Murat, arrêté pendant qu'il se rendait à Naples.

5° Il a violé le serment qu'il a prêté, en recevant l'ordre royal et militaire de Saint-Louis.

Il me semble que, si les questions ont été ainsi transmises, le zèle de M. le Ministre de la Guerre l'a égaré, lorsqu'il n'a pas vu que, plusieurs de ces accusations, une fois admises, obligeant le Conseil à prononcer la peine capitale, c'était une manière certaine de faire absoudre le prévenu. On eût bien plus sûrement obtenu sa juste punition et une satisfaction pour le gouvernement, si le conseil de guerre n'eût été appelé à prononcer que sur un délit militaire, qui est l'atteinte portée par le général Exelmans à la subordination en refusant de se rendre, d'abord à Bar, puis à Soissons.

Une conséquence immédiate du retour du général à Paris et qui peut avoir de déplorables effets, c'est que les officiers à la demi-solde semblent afficher beaucoup plus de hardiesse et tenir plus hautement des propos contre la cour.

Propos tenus par des officiers à demi-solde.

Hier, vers quatre heures après midi, on aperçut neuf officiers se promenant ensemble dans le jardin des Tuileries. On s'approcha d'eux pour entendre leurs discours qui respiraient le fiel, l'amertume et la menace même.

« Pourquoi, se disaient les plus animés parmi eux, n'entrerions-nous pas dans ce château, » en montrant les Tuileries? » Pourquoi n'irions-nous pas y demander notre solde arriérée, notre pension entière de la Légion d'honneur? Faut-il donc nous dépouiller ainsi au profit des émigrés, des chouans et des prêtres? »

Si j'en crois les rapports que j'ai sous les yeux, ils finirent par convenir, entre eux, de chercher un certain nombre de camarades, dans le même cas qu'eux, de se porter ensemble au château, l'un de ces jours, à l'heure de la messe, non avec des desseins criminels, mais pour présenter une pétition au Roi et tâcher d'en obtenir, ainsi, ce qu'ils ne peuvent obtenir du ministère.

L'agent qui m'a rapporté ces propos assure ne connaître aucun de ceux auquels il les attribue. Ils disparurent et se dispersèrent, pendant qu'il allait chercher quelques personnes qui pussent l'aider à les suivre.

Tout en le blâmant de n'avoir pas, au moins, su me signaler quelqu'un de ces officiers, j'ai donné des ordres pour rechercher, avec soin, s'il existait réellement, parmi les militaires, quelques traces d'un projet tendant à se porter vers le château. Une pareille idée, si elle se combinait entre un certain nombre, ne pourrait manquer de percer, par le besoin même de se concerter à cet égard et, si elle n'était que la conception de quelques-uns, seulement, elle ne serait pas dangereuse, puisqu'il y aurait toujours des moyens suffisants pour les écarter, s'ils se présentaient aux Tuileries.

Mauvaise attitude des militaires.

Aussi bien, je dois reconnaître que les militaires sont toujours animés d'un mauvais esprit; je n'en veux d'autre preuve qu'une scène qui vient de se passer au Palais-Royal et qui est digne d'attention, moins par elle-même que par quelques-uns de ces mots qui peuvent n'être que des indiscrétions et qui sont une indication de projets cachés.

Un officier, cédant à un besoin naturel, s'était arrêté auprès de la galerie de Bois; un marchand, occupant une boutique voisine, sortit alors en l'engageant à s'éloigner. L'officier se retirait, lorsqu'un de ses camarades lui dit : « Quoi ! tu te laisserais mener ainsi par un pékin? » (Injure ordinaire des militaires contre les bourgeois.)

De là, une violente altercation, à la suite de laquelle, des inspecteurs de police sont accourus et ont requis les deux militaires de se rendre au corps de garde. Mais ceux-ci ont refusé d'obéir et beaucoup de leurs camarades se sont rassemblés en prenant leur parti. « Non, s'écriaient-ils, on ne les arrêtera pas. Si l'on ose toucher un de nous, le branle commencera et tout sera bientôt fini. Nous ne sommes pas nobles, mais si l'on nous vexe, nous saurons nous soutenir ».

Enfin, l'officier a été conduit au corps de garde, puis relâché.

Ces propos m'ont paru remarquables, en les rapprochant de l'humeur plus sombre et plus mystérieuse qui, depuis quelques jours, perce parmi les militaires, comme s'il existait entre eux un système. Ils semblent, la plupart, avoir cessé de croire à la stabilité du gouvernement qu'ils accusent de marcher en opposition avec l'opinion de la majorité de la nation et de l'armée. Ils prédisent, même vaguement, des révolutions, sans en assigner ni l'époque, ni l'objet.

Nouvelles de l'Ile d'Elbe.

3 *Février* 1815. — J'ai reçu plusieurs rapports des agents que j'entretiens à l'Ile d'Elbe ou sur la côte d'Italie; ils me paraissent de nature à intéresser le Roi, car ils contiennent de piquants détails sur Bonaparte, ses prétendus projets et tout ce qui se passe autour de lui. Je crois devoir en mettre les principaux passages sous les yeux du Roi.

Les militaires français, au service de Bonaparte, continuent à le quitter; il en est parti plusieurs, ces jours derniers.

Il semble que l'on s'attende, à Porto-Ferrajo, à du nouveau, et que l'on y craigne quelque attaque; car on fait des dispositions qui ressemblent à des moyens de défense. On arme la tour située à l'entrée du port et on a renforcé la garnison qui n'était que de quelques hommes et qui est maintenant portée à 200

Des pièces de canon ont été placées au fort Montebello. On a fait de nombreuses provisions de grains et de farines; le tout est arrivé sur des bâtiments anglais.

D'un autre côté, on parle d'une flotte qui amènerait plusieurs mille hommes de troupes de débarquement; mais, on ne dit ni de quelle nation serait cette flotte, ni d'où elle viendrait, ni dans quel but.

Serait-ce pour prendre Porto-Ferrajo ou pour en enlever Bonaparte? Il faudrait beaucoup de monde, si, toutefois, il restait à Bonaparte assez de forces pour défendre cette place qu'on appelle « Un petit Gibraltar ». Néanmoins, avec du temps, elle tomberait, et promptement peut-être, à cause de la faiblesse de la garnison qui s'y trouverait. Car, il est douteux qu'on pût s'attendre à une coopération bien active de la part des habitants.

Une autre nouvelle qui circule sourdement dans l'Ile, c'est la prochaine arrivée de Marie-Louise; le bruit, non réalisé, de son départ de Vienne pour Parme aura donné lieu à cette rumeur très peu vraisemblable.

L'orgueil et la politique de la maison d'Autriche ne peuvent pas permettre, ainsi, à une de ses Archiduchesses de courir après un exilé, qui lui a fait tant de mal et qui serait prêt à recommencer, s'il en avait le moyen. Une pareille inconvenance afficherait trop, d'ailleurs, l'intention du Cabinet de Vienne de faire de Bonaparte un nouvel instrument éventuel de calamité et, si ce cabinet le laissait sortir de son île, les premiers dangers seraient pour lui, en Italie. Ainsi, ce sont probablement là des romans.

La seule chance, en ce moment, pour Bonaparte, semblerait être que Murat, ne se fiant plus à la garantie de l'Autriche, jetât le masque dont il se couvre et appelât son ancien maître à l'aider dans le soulèvement de l'Italie. Mais, Murat doit sentir que ce concours serait sa perte, quel qu'en fût le résultat, puisque une fois Bonaparte à la tête d'une armée, il prendrait son auxiliaire pour première victime.

Ces incertitudes, sur le présent et sur l'avenir, n'empêchent pas la princesse Borghèse de donner de grands dîners à sa campagne de San Martino, à laquelle Bonaparte se rend souvent.

On ne voit plus d'affluence d'étrangers à l'Ile d'Elbe, comme au commencement du séjour de l'ex-Empereur; il s'en présente peu. Les difficultés qu'on fait, pour les recevoir, les éloignent naturellement.

S'il y a du mystère autour de Bonaparte, il le concentre dans son cabinet; il le couvre d'une tranquillité apparente et ne laisse rien percer, quelque attention qu'on porte à le deviner.

Il est de plus en plus difficile de pénétrer à Porto-Ferrajo et il faut maintenant des passeports en règle pour débarquer; on les visite très exactement.

Les napoléons d'or et les pièces de cinq francs circulent en abondance, mais la petite monnaie manque, ce qui contrarie beaucoup les marchands au détail et les petits bourgeois.

Les vivres sont à très bon marché, ainsi que les objets nécessaires à la vie. Il existe des magasins de subsistances, surtout en farines, grains, riz et légumes secs, pour quatre ans. Il y a, aussi, une très grande provision de munitions de guerre avec trois cents pièces de canon, dont deux cents établies en batteries sur les points abordables de l'Ile; Bonaparte les a fait placer, lui-même, de concert avec le général Bertrand. Ensuite, ayant reconnu quelques points escarpés, mais abordables, il y a fait faire des travaux. Cent pièces de canon sont en réserve et Bonaparte veut encore en augmenter le nombre.

On croit, dans l'Ile, que le motif de ces dispositions est le bruit qui a couru que les Puissances alliées voulaient transporter Bonaparte dans une île plus éloignée. On assure qu'on l'a entendu dire pendant une parade : « Toutes les Puissances réunies ne pourront pas me forcer à quitter l'île, malgré moi. Si elles viennent m'y attaquer, je m'y défendrai jusqu'à la mort ».

Il y a quelques mois, plusieurs personnages sont

venus dans l'Ile; on n'a pas su leurs noms. Ils ont été introduits à la cour avec étiquette. On parlait d'un voyage de l'Archiduc Charles (1), mais il n'a jamais paru.

Bonaparte a 1.500 hommes de garde et 3 à 400 Polonais, ce qui fait 1.900 à 2.000 hommes. Il les passe souvent en revue. Il mène une vie très active, travaille beaucoup et se promène assez souvent. Il fait pratiquer des routes et bâtit un château dans le genre du Luxembourg.

Les habitants l'aiment, car jamais ils ne se sont vus si riches et n'ont eu un commerce aussi actif.

Dans les mois d'octobre, novembre et décembre, il est arrivé à l'Ile d'Elbe beaucoup de militaires français, soldats et officiers de différents grades, mais Bonaparte ne les a pas gardés, il les a tous envoyés à l'armée de Murat.

On a entendu un officier supérieur, venant de France, dire à Bonaparte : « Votre Majesté n'a qu'à paraître sur un point de la France; Elle sera bien reçue! Elle aura les trois quarts des Français pour

(1) Archiduc d'Autriche, troisième fils de l'empereur Léopold II, né à Florence en 1771. Ce fut lui qui commanda les armées autrichiennes en 1809 et qui livra aux Français la sanglante bataille d'Essling. Après sa défaite, à Wagram, il renonça à tout commandement et se retira à Teschen, puis à Vienne. Au retour de Napoléon de l'Ile d'Elbe, il accepta, pour quelque temps, les fonctions de gouverneur de la forteresse de Mayence. Il mourut en 1847.

Elle, ainsi que l'armée. Tout le monde est très mécontent! »

Il a répondu sans s'émouvoir : « Le moment n'est pas encore venu », puis il a fait quelques pas, s'est retourné et a dit à cet officier : « Allez rejoindre l'armée du Roi de Naples ».

En terminant, je ferai remarquer que le soldat de qui je tiens tout ce récit, se propose, dit-on, malgré son congé absolu, de retourner, au mois de mars, à l'Ile d'Elbe. Il prétend s'ennuyer ici, quoiqu'il y ait sa femme et ses enfants. On m'assure qu'il leur a apporté dix mille francs. Je fais vérifier ce qui en est, ainsi que les motifs de son retour, et si ce ne serait pas un agent d'intrigues; son récit paraît assez étrange et fort exagéré, en ce qui concerne les forces de l'Ile d'Elbe.

Prétend départ Bonapar de l'Ile d' be.

8 *Février* 1815. — On a fait courir, aujourd'hui, dans Paris, un bruit qui a toutes les apparences d'une fable; il s'agit de la sortie de Bonaparte de l'Ile d'Elbe, pour aller se réunir à Murat, sous les murs de Rome, selon les uns, à Naples, selon les autres.

Cette variante suffirait, seule, pour prouver qu'on n'a rien de positif, à ce sujet, non plus que sur la prétendue entrée de Murat dans Rome. Néanmoins, une secrète intelligence entre eux ne semble plus douteuse, à en juger même par les aveux de leurs partisans. Mais Murat n'oserait, dans la position critique où il se trouve vis à vis du Congrès, jeter encore le masque, qu'autant qu'il ne conserverait plus le moindre espoir d'une indemnité pour le trône de Naples.

En affichant une telle audace, il achèverait de se perdre et il ne lui resterait plus qu'à tenter le soulèvement de l'Italie, où il est plus que probable qu'il échouerait, fût-il même secondé par Bonaparte. Leurs partisans le sentent si bien que, pour donner quelque couleur de possibilité à ces absurdes projets, ils sont réduits à y faire concourir l'Autriche qui consentirait donc, alors, à voir tomber de ses mains cette magnifique proie de l'Italie !

Tous les regards et toutes les conjectures sont tournés de ces côtés. Les espérances des militaires, celles des Bonapartistes, sont dirigées vers ce point. Peu s'en faut qu'ils ne rêvent que Murat viendra leur ramener Bonaparte en France, avec ses mêmes Napolitains que, malgré leur amour pour le pillage, on n'a pu décider, sur la fin de la dernière campagne, à passer le Pô.

Il est, du reste, bien difficile de se former une idée juste des événements qui se préparent, au delà des Alpes, avant d'être bien fixé sur le résultat du Congrès, en ce qui concerne Naples. Si la protection de l'Autriche suffisait pour y laisser Murat, il ne tenterait rien. Si, au contraire, on prononce sa chute, il est assez exalté en vanité pour tout hasarder; et ce n'est que, dans cette dernière hypothèse, qu'il consentirait à s'associer à Bonaparte, qu'il hait et qu'il craint, c'est-à-dire à redevenir son lieutenant. Mais, alors même, Murat ne ferait qu'accroître les dangers que court son ancien souverain, parce que les Napolitains ont toujours détesté Bonaparte et l'auraient bientôt tué, s'il se montrait parmi eux.

Murat e Fouché.

D'un autre côté, j'ai recueilli une conversation qu'une personne entièrement digne de foi vient d'avoir avec le duc d'Otrante et qui me semble importante, sous bien des rapports, et, surtout,en ce qu'elle montre M. Fouché nouant des relations directes avec Murat auprès duquel il avait été envoyé, l'année dernière, par Bonaparte. Sa mission avait pour but d'empêcher le Roi de Naples de joindre ses forces à celles de la coalition; mais le duc d'Otrante ne réussit pas. Il fut joué par le ministère napolitain et finit par devenir le conseil de Murat, lorsqu'il vit les affaires de Bonaparte perdues, par ses extravagances et par les désastres de Leipsick.

C'est à lui qu'on avait adressé à Paris, il y a quelques mois, M. le duc de Campo Chiaro, ministre de Murat au Congrès et M. le marquis de Santa Idria, son agent secret en France.

Paroles d Fouché.

« J'ai », disait hier même le duc d'Otrante, « des

nouvelles positives d'Italie. Le Roi de Naples n'a pas quitté sa capitale; il attend, pour prendre un parti, le retour des courriers qu'il a expédiés à Vienne et à Londres... Napoléon n'est pas sorti de l'Ile d'Elbe; je le connais bien, il ne bougera que pour se mettre à la tête d'une armée ».

« La cour s'obstine toujours à voir les hommes et les choses tels qu'ils étaient, il y a vingt-cinq ans. Les émigrés qui entourent le Roi ne veulent pas comprendre la réalité. Murat n'est plus un parti obscur; il est Roi et commande quatre-vingt mille hommes. Il faut savoir composer, même avec un chef de bande, quand il dispose d'une force imposante. C'est ce que nous avons fait avec les Vendéens ».

« Il faut que le gouvernement ait une volonté prononcée et qu'il la suive loyalement. On cherche à user de finesse et on n'inspire que de la défiance.

« On ne parvient pas à persuader à un peuple que tout ce qu'il a admiré pendant vingt-cinq ans a été mauvais. Le Roi aurait dû reconnaître qu'on avait exécuté beaucoup de choses et dire : « Je suis bien aise de trouver la nation grandie ! »

« On ne peut plus gouverner par les anciens prestiges qui sont anéantis ; la religion n'en offre plus. On n'y peut suppléer que par les lois et par la Charte ».

« Si la Charte est la volonté du Roi, pourquoi

permettre à ceux qui l'entourent d'accréditer le contraire? Si elle n'est, à ses yeux, qu'une nécessité passagère, combien il est dangereux de laisser percer un tel secret!

« Si l'on mettait de côté la Charte et que le parti qui se dit Royaliste l'abandonnât, les ennemis du Roi s'en empareraient. Le cri de : « Vive la Charte! » une fois séparé de celui de : « Vive le Roi! » deviendrait le signal autour duquel se rallierait le plus de monde ».

« Les émigrés agissent et parlent, comme s'ils avaient pris la France d'assaut, pendant qu'ils n'y sont venus qu'à la suite des ennemis ».

« Pourquoi imprimer des injures journalières contre Napoléon? C'est occuper sans cesse de lui. J'avais absolument défendu qu'on parlât, dans les journaux, ni en bien ni en mal, des Bourbons. Aussi, la moitié de la France les avait-elle oubliés! »

« Les ministres devraient être réunis, avoir un système déterminé et marcher droit au but. Ce n'est pas le ministère qui gouverne, aujourd'hui, il laisse flotter les rênes. C'est l'opinion qui agite tout, jusqu'à ce que quelqu'un vienne la fixer. Il importe donc au gouvernement de la dominer ».

« On se repose trop sur l'idée qu'il en est du Roi comme de Dieu, que rien ne peut déplacer!.. Que le Roi adopte une marche ferme. Qu'on cesse de contrarier les idées les plus généralement reçues Que le public soit bien convaincu de la franchise du gouvernement et de sa tendance vers un but convenu. Alors, tout le monde se réunira autour du trône ».

« Le danger est de choquer les masses et non de blesser un ou plusieurs individus ».

A toutes ces réflexions, je me contenterai d'ajouter que rien n'est plus facile que la politique qui s'enveloppe ainsi dans une vague énonciation de principes généraux, plus ou moins contestables. La science du véritable homme d'État consiste, non à tout blâmer et à tout recommencer, mais à indiquer, nettement, des moyens réels d'action et à en assurer l'application, au milieu des circonstances où la modération et la violence semblent également présenter des inconvénients, en provoquant les clameurs de deux partis disposés à ne rien approuver, tant qu'on n ese livre pas aveuglément à chacun d'eux.

Agissements de Murat.

13 *Février* 1815. — D'après des rapports dignes de créance, que j'ai entre les mains, il n'est pas possible de croire à l'entrée de Murat à Rome, mais il est certain que, pendant qu'il se fait donner des fêtes à Naples, une partie de ses troupes menace Rome de plus ou moins près et en gêne les communications au dehors. On est même disposé à croire qu'il agit, en cela, de concert avee l'Autriche qui a,

aussi, des griefs contre le Saint-Père et qui en sera quitte pour rejeter sur Murat l'odieux d'une telle persécution, lorsqu'elle aura obtenu ce qu'elle désire..

Il est assez remarquable que, tandis que les lettres des personnes attachées à l'ambassade de Rome ne sont que du 25 janvier, quelques-uns de nos journaux citent des lettres du 29. Nouvel indice que Murat n'est pas sans intelligence dans Paris et qu'il a soin d'y charger ses amis d'exagérer ridiculement ses forces, que le *Journal Général* porte aujourd'hui à quatre-vingt neuf mille hommes mobiles et à cent cinquante mille sédentaires.

L'impression de toutes ces fables sur l'Italie est très vive parmi les militaires de tous les rangs et jusque dans les casernes. On n'y doute pas que la guerre ne soit certaine et que Bonaparte et Murat n'agissent de concert. Les soldats en concluent qu'ils reverront bientôt celui qu'ils ont recommencé à appeler « leur papa », selon plusieurs rapports de caserne que j'ai sous les yeux et que je vais vérifier.

Il est, cependant, aussi, quelques militaires, entre autres, un colonel Poisson, qui accusent Murat d'aller trop lentement et Bonaparte de ne pas se mettre assez vite en avant, de songer, même, à aller en Angleterre, de peur d'être compromis par les troubles d'Italie.

Suivant d'autres renseignements, auxquels je donne la plus sérieuse attention, on chercherait, sur divers points de la France et même à Paris, à enrôler pour Murat des artilleurs et des officiers décorés. On leur assurerait deux cents francs pour leur route, le même grade et le même traitement qu'en France; on leur promettrait, aussi, à leur arrivée en Italie, la croix de la Couronne de Fer.

Cette dernière promesse serait d'autant plus remarquable que c'est l'Autriche seule qui, aujourd'hui, dispose de cet ordre.

Hier, au foyer de l'Opéra, on parlait beaucoup du fils de Marie-Louise, des prétendues caresses que lui prodigue l'Archiduc Charles, en le qualifiant de Majesté, et de la prédilection que lui témoigne, depuis quelque temps, ainsi qu'à sa mère, l'Empereur d'Autriche.

Bulletin de l'Ile d'Elbe.

16 *Février* 1815. — On dirait, à voir la sécurité extérieure qui règne autour de Bonaparte, qu'il a la certitude que le Congrès ne songe point à changer sa position et que l'état des affaires, en Italie, n'en est pas encore venu au point de l'intéresser. Il s'étudie à jouer, aujourd'hui, l'indifférence avec autant de soin qu'il en mettait, autrefois, à faire le maître de tout en France et presque en Europe.

L'homme le plus ambitieux et le plus dissimulé

que le monde ait eu, en serait-il à s'avouer que tout rôle est fini pour lui? Ou cette apparente conviction ne serait-elle pas, elle-même, un rôle recommandé par la prudence, au moins jusqu'après le Congrès, pour ne pas donner un dangereux éveil sur son compte? Les avis se partagent entre ces deux hypothèses. Mais, la dernière est la plus vraisemblable, à moins que le principe de l'activité physique et morale ne soit usé chez lui, par l'abus même qu'il en a fait.

Rien ne transpire sur la position de Bonaparte, vis à vis de la cour de Vienne, ni sur le canal de ses relations avec Marie-Louise, quoique, assurément, il n'ait pas dû négliger d'en entretenir, dans une circonstance si décisive pour lui. Il ne parle jamais d'elle et même très peu de son fils. Il garde la même réserve sur Murat. Ce silence, de sa part, est si peu naturel qu'il doit tenir à quelque combinaison profonde.

Le carnaval a été fêté à Porto-Ferrajo; il a consisté en bals masqués, selon le goût d'Italie. La princesse Borghèse, qui s'efforce d'échapper à l'ennui qui la dévore, a donné un bal aux officiers de la maison de son frère, à ceux de sa garde et à un certain nombre d'habitants du pays. Les bourgeois de Porto-Ferrajo l'ont rendu, dans le nouveau théâtre qui vient de s'achever; Bonaparte avait promis de s'y rendre, mais il s'en est dispensé.

Les difficultés qu'on a opposées aux étrangers les ont dégoûtés, ou la curiosité s'est lassée; il n'en vient plus dans l'Ile. Lord Campbell y est arrivé, depuis peu, venant de Gênes sur une corvette anglaise qui est dans le port. Du reste, cette visite n'a rien d'anormal, car il en fait, de temps à autre, et repart, généralement, après quelques jours.

Pour compléter ces renseignements, voici ce que m'écrit mon agent à Porto-Ferrajo :

« Le capitaine Vantini, fils du chambellan de ce nom et frère de la sultane favorite, est de retour, depuis le 24 janvier, par la voie de Piombino. Il aura, sans doute, apporté des nouvelles du continent d'Italie, mais il n'en a rien transpiré, non plus que sur ce qu'il y a été faire et jusqu'où il a été ».

« On travaille à fortifier le fort Montebello, ce qui indique l'intention d'un séjour prolongé ici et l'envie d'y être en sûreté, contre les coups de main ou les surprises ».

« Le brick *Le Napoléon* avait été jeté sur la côte par les vents; il en a été relevé et est désarmé maintenant et rentré dans le port. On n'a pas l'air de mettre une grande activité pour le réparer ».

« Voilà vingt jours que le vent est très contraire à nos communications avec les côtes voisines; elles ne peuvent avoir lieu que par le canal de Piombino qu'on traverse presque en tout temps ».

« Le Général Cambronne ne paraît pas très occupé, puisqu'il vient de passer trois jours à une chasse ».

« Le feu a pris chez le Grand-Maréchal Bertrand, le 16 de ce mois; il a été éteint presque de suite, avant les dégâts... En résumé, tout est très monotone dans une île comme celle-ci et si Bonaparte a des secrets, on ne peut guère se flatter de deviner un homme qui a tant d'intérêt à s'envelopper et qui a une si longue habitude des ruses de la politique et de la fausseté ».

D'autre part, certains renseignements qui me sont parvenus de Lyon me prouvent que Madame Bertrand entretient, de l'Ile d'Elbe, une correspondance suivie avec Lady Well, une Anglaise, qui est en ce moment à Paris et qui, pendant la dernière guerre, était à Lyon, avec son mari.

Mme Bertrand, dans une de ses dernières lettres, mande à son mari que Bonaparte est bien portant et qu'il a, depuis quelque temps, l'air très préoccupé d'affaires importantes.

Un grenadier venant de l'Ile d'Elbe, est arrivé à Lyon. On lui a parlé des plans que Bonaparte peut former en ce moment; il a répondu qu'on les ignorait dans l'Ile, mais que Bonaparte avait l'air satisfait et, qu'en passant sa garde en revue, au commencement de janvier, il avait dit à quelques-uns de ses soldats : « Mes enfants, vous vous ennuyez, mais le chemin s'élargit et il est encore long ».

Ce grenadier a répété la même chose à d'autres individus.

Il serait à désirer qu'on soumît à une stricte surveillance, jusqu'à leur destination, les individus qui arrivent de cette île, ou même simplement d'Italie. Du reste, le préfet des Bouches-du-Rhône a prescrit un recensement des étrangers qui se sont fixés depuis peu à Lyon. On saura, ainsi, ce qu'y viennent faire des individus qui n'ont aucun moyen connu d'existence, qui battent le pavé et font retentir les lieux publics de vociférations contre le gouvernement. Ces étrangers peuvent devenir, en ce moment, d'autant plus dangereux que les têtes ne s'exaltent que trop en raison des troubles d'Italie.

Récit d'un capitaine génois arrivant de l'Ile d'Elbe.

22 *Février* 1815. — Un capitaine génois, récemment entré dans le port de Marseille, et qui a relâché à l'Ile d'Elbe, a appris d'un grenadier de la garde de Bonaparte des détails qui ne sont que la répétition de ceux déjà connus sur sa manière de vivre. Il a aussi parlé d'une Duchesse ou Comtesse de Rohan (ou de Roanne), femme d'environ quarante ans, venue de Sicile à Porto-Ferrajo.

Suivant le récit de ce capitaine, Bonaparte a peuplé l'île de Pianosa de toutes sortes de bestiaux, sans compter cent quatre-vingts chevaux de cavalerie; dans l'Ile d'Elbe, il existe cent trente autres chevaux, dont une trentaine employés au service personnel de Bonaparte.

Sa marine se compose d'un brick, d'une petite corvette et d'un chebeck armé en guerre. Tous les pavillons sont reçus dans l'Ile et les Barbaresques y viennent souvent, pour faire des provisions, mais ils sont assujettis à une quarantaine.

Le nombre des militaires qui, par congé ou autrement, ont quitté Bonaparte, est évalué à quatre-vingts. Il devient fort difficile de déserter, parce qu'il ne sort plus un seul bâtiment de l'Ile qui n'ait été visité.

Lorsque les soldats de Bonaparte s'adressent à lui pour obtenir leur congé, il leur répond toujours : « Un peu de patience, mes amis, nous nous en irons ensemble ».

Il traite tous ses soldats avec la plus grande affabilité; il fait des recrues sur le continent italien, car, chaque jour, il arrive à Porto-Ferrajo des Italiens et des Corses enrôlés pour son compte.

Les derniers points de cette déclaration ont été confirmés par le récit d'un capitaine venant d'Oneille (1) et arrivé, le même jour, à Marseille. Il a

(1) *Oneglia*, port situé dans la Province de Port-Maurice, Italie.

raconté que, le 9 janvier, se trouvant dans le canal de Piombino, il avait aperçu neuf à dix bâtiments allant des côtes de Toscane à l'Ile d'Elbe et que ces navires avaient beaucoup de monde à bord. Ayant demandé à des pêcheurs ce que c'était, ils lui répondirent que ces bâtiments venaient de la terre ferme et qu'ils amenaient des recrues à Bonaparte.

Situation calme à Paris.

24 *Février* 1815. — Les alarmes dont on recommence à nourrir la cour, quoique les événements en aient si souvent démenti de semblables, ne me paraissent justifiées par aucun danger actuel, quelque attention que je porte à tout observer.

Je ne prétends pas que l'opinion soit bonne; trop d'éléments de défiance la tourmentent, mais la tranquillité de la capitale n'en est pas moins réelle, sans que rien semble devoir la troubler.

Le péril viendrait-il du peuple ou des faubourgs? Jamais ils ne se sont mêlés de politique et n'ont été plus étrangers aux partis.

Viendrait-il des troupes? Elles sont beaucoup moins nombreuses dans Paris qu'il y a quelques semaines et ne sont pas plus exaspérées.

Une foule de généraux et d'officiers mécontents ont été éloignés et dispersés. Parmi ceux qui restent, il en est beaucoup qui crient, mais sans plan, sans concert entre eux vers un but convenu.

L'espérance de ralliement que la prétendue marche de Murat à travers l'Italie offrait, peut-être, il y a quelques jours, à plusieurs d'entre eux, s'est fort affaiblie, depuis qu'ils ont la certitude qu'il n'est pas même sorti de Naples.

Des noms de factions existent et se répètent; elles s'accusent, même, les unes les autres, pour donner le change au Gouvernement. Mais, où sont ceux de leurs chefs autour desquels on se rallie véritablement? Lesquels oseraient se proclamer tels, sans être sûrs d'être, à l'instant, désavoués par leurs rivaux mêmes? Quel système est avoué par eux? Quels sont leurs rassemblements? Où sont leurs préparatifs et où sont leurs moyens d'attaque?

J'ai beau chercher, j'entends des soupçons, des plaintes, des mécontentements, mais je vois partout le manque de hardiesse, si ce n'est en paroles, l'impuissance d'agir et, nulle part, rien d'organisé ni de prêt à l'être.

J'ose donc en conclure que rien n'est mieux fondé, rien n'est plus politique que la noble sécurité que le Roi a toujours affichée, ce qui est aussi l'un des grands moyens de force du gouvernement.

21 *Février* 1815. — M. le Ministre de la Marine m'a communiqué la lettre suivante, émanant du Préfet maritime de Toulon, et dont le contenu est Ile d'Elbe.

d'accord avec les détails que je reçois, moi-même, directement, de l'Ile d'Elbe. Il paraît en résulter que Bonaparte manque d'argent ; il sera, en conséquence, bien moins dangereux.

« Conformément aux instructions du Ministre de la Marine, écrit-on, le brick *Le Zéphyr* est entièrement prêt à mettre à la voile. Il pourra appareiller de ce port, dès ce soir ou demain matin. Il a ordre de se rendre à Livourne et d'établir, dans ces parages, une croisière d'observation au sujet de laquelle il se conformera aux indications et instructions particulières qu'il pourra recevoir de M. le Général Mariotti, consul de France en Toscane. »

« Ce bâtiment touchera d'abord en Corse pour y débarquer cent trente militaires du département de la guerre et y transporter des fonds dont M. le Chevalier Bruslart (1) a un extrême besoin. »

« Cet officier général annonce qu'il est arrivé en Corse huit soldats qui ont déserté de l'Ile d'Elbe et qui lui ont confirmé que le mécontentement le plus grand existait parmi les troupes de Bonaparte. Celles-ci ne pensent qu'à l'abandonner, parce qu'il ne les paie plus avec exactitude et qu'il s'occupe à réduire leur nombre et leur traitement.

(1) Le Général de Bruslart était un ancien chouan, fort hostile à Napoléon, et auquel, pour ce motif, le gouvernement de Louis XVIII avait confié le commandement militaire de la Corse.

« Le sieur Lombardi, commerçant de Bastia, arrivé de Porto-Ferrajo, dans les derniers jours de janvier, a fait une déclaration qui s'accorde parfaitement avec celle de ces huit déserteurs. Il a ajouté que Bonaparte a étendu son économie jusqu'aux dépenses de sa table et de tout l'intérieur de sa maison. Il a fait désarmer les places et les forts de Longone et de Marciana et transporter leur artillerie à Porto-Ferrajo où il paraît vouloir se fortifier. Il n'a pas pu parvenir, jusqu'à présent, à affermer ni les salines, ni l'exploitation des mines, ni la Madrague. Les habitants commencent à se ressentir de cet état de gêne et à s'en plaindre. »

« Le patron, Jean-Étienne Evangelista, parti de l'Ile d'Elbe, le 2 janvier, a déclaré qu'il était entré dans Porto-Ferrajo un brick anglais et que quatre officiers de ce brick s'étaient rendus auprès de Napoléon, avec qui ils étaient restés environ une heure. Le brick avait immédiatement après repris le large. »

« M. le Chevalier Bruslart mande que la présence de nos frégates sur les côtes d'Italie et dans les passages de l'Ile d'Elbe paraît inquiéter Bonaparte. »

« J'ai reçu des nouvelles des frégates *Melpomène* et *La Fleur de Lys*, jusqu'au 8 de ce mois. Le capitaine Collet m'informe que deux frégates anglaises ont également établi leurs croisières dans les parages de Porto-Ferrajo et que celles-ci se rencontrent assez fréquemment avec les nôtres, sans avoir toutefois aucune communication ensemble ».

Je ferai remarquer au Roi, que rien n'est plus utile que le genre de surveillance indiqué dans cette lettre, bien qu'il ne faille pas se dissimuler que la position de l'Ile d'Elbe est telle que, si Bonaparte voulait sortir d'un moment à l'autre, pour débarquer sur les côtes d'Italie, aucune croisière ne l'empêcherait d'exécuter ce projet par le canal de Piombino qui est étroit et où les bâtiments ne tiennent pas, dès qu'il vente un peu fort. Les côtes de Toscane sont plates, en général, et abordables presque partout, surtout de nuit, sans qu'on puisse même être aperçu ni courir de risque. Il est facile de s'y jeter aussitôt dans les Maremmes, où l'on ne rencontre qu'une rare population et aucune force armée.

Il est, peut-être, fâcheux que la direction d'une aussi importante surveillance se trouve confiée au Général Mariotti, Corse aussi, homme avare, cupide et peu actif, le même qui était chef d'état-major en Toscane de M. et de Mme Bacciochi, en toute intimité avec eux et servilement dévoué à la famille de Bonaparte.

On me le peint comme ayant peu de moyens, trop peu de caractère et de probité politique pour refuser à Bonaparte des renseignements qu'il lui ferait demander, sous main, sur ce dont il serait chargé à son égard.

Ce qui n'étonnera peut-être pas moins le Roi c'est qu'il passe pour constant que le général Mariotti doit une des positions, aujourd'hui les plus importantes et les plus délicates, aux chaudes recommandations de Mme la Comtesse de Brignoles, Génoise, qui est dans toute la faveur de Marie-Louise et encore attachée au service de l'Archiduchesse, comme dame d'honneur.

Le Général Mariotti avait été, dans sa jeunesse, à Gênes, chevalier servant de Mme de Brignoles et c'est aux instances de cette dame, appuyées par M. le Duc Dalberg, qu'il a dû un Consulat que ses antécédents mêmes eussent dû l'empêcher de solliciter.

Sur les diverses factions qui s'agitent en France.

23 *Février* 1815. — J'ai cité récemment au Roi les noms des partis qui s'agitent parmi nous, je lui dois quelques détails sur l'existence de chacun.

Dans la plupart des départements, il n'y en a que deux : ce sont à peu près les mêmes éléments qu'en 1789 : le parti de la Révolution devenu, en général, celui de la Charte, et le parti de l'ancien régime.

Le premier se compose de la masse des acquéreurs (1) et de leurs ayants-cause ; le second, de l'an-

(1) Les acquéreurs des biens nationaux.

cienne noblesse, des hommes restés fidèles à tous les souvenirs du passé et à la religion de leurs pères.

La plupart des jeunes gens et des hommes du moyen âge inclinent vers les institutions nouvelles. Les vieillards penchent davantage vers ce qui leur rappelle les jouissances des âges précédents.

Les départements sont divisés par des querelles de vanité ou de cupidité. On y supporte, avec peine, les suprématies sociales; on y veut conserver ce qu'on a conquis. On demande la sécurité, en ce genre, au gouvernement actuel et, si ce vœu cessait d'être accompli, il serait à craindre qu'on ne s'y laissât aller au regret du dernier gouvernement en oubliant trop toutes les calamités qu'il a versées sur la France.

Ces dispositions percent dans une partie de la Bretagne, du Dauphiné, de l'Alsace et de la Lorraine. Elles se manifestent, ailleurs, plus froidement et plus hautement.

Il est essentiel, pour éviter des conséquences désastreuses, de ne pas se tromper sur le côté où est la majorité. On se la dispute vivement, de part et d'autre, chacun la revendique pour sa cause. Les certitudes morales, en pareille matière, sont difficiles à acquérir, mais les passions de la multitude, presque partout opposées aux intérêts du petit nombre, par la nature même des différences sociales, peuvent jeter une grande lumière sur la question.

A Paris, les partis ont d'autres nuances; ils y tiennent plus aux calculs personnels, aux craintes ou aux espérances individuelles : l'égoïsme y est la principale loi. Tel personnage est pour le Roi qui, le lendemain, du jour où il a été supplanté par un rival ou déjoué dans un projet ambitieux, se jette dans l'opposition. Ici, on combine les chances qu'on juge les plus vraisemblables et on les embrasse, selon les erreurs de son esprit ou les affections de son cœur.

Le bonapartisme a, dans la capitale, deux grandes sections qui, au fond, se confondent, lorsqu'on les suit dans leurs lignes, en apparence diverses : d'un côté, le retour de Bonaparte lui-même, vœu exécrable et impie qui se trouve chez très peu de personnes, parce qu'il épouvante jusqu'à la pensée de ses plus éhontés séides; d'un autre côté, la régence de Marie-Louise et le rappel de son fils, dont beaucoup d'intrigants et de factieux s'effrayeraient moins, parce qu'ils compteraient y rencontrer des combinaisons plus favorables à leurs manœuvres. Comme s'il n'était pas évident que ce serait par deux chemins tendre au même but, ou plutôt aux mêmes malheurs!

Le doute, parmi ces dernières personnes, naît de leur incertitude sur les véritables dispositions de l'Autriche; les mêmes hommes qui feignent de se plaindre de notre humiliation politique, au dehors, parce que nous ne tyrannisons plus l'Europe, ont l'air d'appeler ainsi de leurs désirs la suprématie et le joug du Cabinet de Vienne.

La République est encore la chimère d'une poignée de vieux jacobins et de fous. Mais, beaucoup d'anciens républicains, quelques généraux, la plupart des votants et ceux qui ont joué des rôles violents durant la Révolution, se réfugieraient volontiers dans la faction d'Orléans où ils espèreraient trouver plus de garanties pour eux et un oubli plus assuré de leurs crimes et de leurs excès, en raison même d'une sorte de complicité qui, heureusement, je le pense, n'appartient qu'au nom et nullement à la conscience du prince qui le porte et qui doit sentir le besoin de le réhabiliter par la gloire de la fidélité.

Si, laissant de côté ce que j'appellerais ces groupes qui font beaucoup de bruit, quoiqu'ils ne soient formés que d'une minorité inquiète, accoutumée à l'agitation révolutionnaire et peu confiante dans le présent, quel qu'il soit, on étudie la véritable masse des habitants de Paris, on y remarque deux principales sections : ceux qui veulent franchement la Charte comme une égide contre les entreprises des factions, comme un bienfait du Roi, et ceux qui la repoussent imprudemment, comme un dangereux abandon des droits de son trône.

Il me paraît chaque jour plus incontestable que

les premiers, parmi lesquels on compte la presque totalité de la garde nationale, ont une force entraînante avec une immense influence sur l'opinion et que les seconds, au milieu desquels il est fâcheux que le public s'obstine à supposer une notable partie de la cour, exception faite, fort heureusement, du Roi, s'exagèrent, avec les plus honorables illusions, leurs moyens d'action et de triomphe.

Bruit du débarquement de l'Empereur.

3 *Mars* 1815. — Il circulait aujourd'hui, parmi les militaires, sans qu'on précisât aucune date, que Bonaparte avait quitté l'Ile d'Elbe, qu'il s'était d'abord embarqué dans son canot pour une promenade et qu'il avait été rejoindre, en mer, un bâtiment napolitain qui l'attendait.

Cette fable, démentie par les nouvelles de l'Ile d'Elbe, était peu crue; mais elle causait aux soldats une joie qui montre bien peu d'amélioration dans l'esprit des troupes.

Des lettres, en date du 9 février, de l'agent secret que j'ai dans l'Ile, ne portent autre chose sinon que Bonaparte n'y serait plus dans deux mois. Mais elles ne disent pas s'il devait en être retiré, malgré lui, ou s'il essayerait d'en sortir, de lui-même.

Du reste, tout y était tranquille comme à l'ordinaire; Bonaparte continuait ses courses à pied et à cheval et donnait quelques bals, comme pour se distraire, peut-être aussi pour tromper sur les craintes ou sur les projets qui l'occupent.

Il était arrivé dans l'Ile une mavaise chanson, venant de Paris, sans qu'on eût pu savoir par quel canal; mais il en résultait, au moins, l'indice de communications établies.

La comtesse de Rohan (ou de Roanne) avait quitté l'Ile pour se rendre à Livourne, avec l'intention de venir de là à Marseille. Je charge les autorités locales de surveiller avec soin son arrivée dans cette ville et de l'y faire interroger en m'en rendant compte aussitôt.

Retour de l'Empereur.

5 *et* 6 *Mars* 1815. — Dès l'instant où j'ai appris l'inconcevable débarquement de Bonaparte, j'ai mis en œuvre, dans Paris, tous les moyens de surveillance. J'en emploierai de plus nombreux et de plus actifs encore, aussitôt que cet événement sera public, par la proclamation insérée demain au *Moniteur*.

Je fais observer les démarches, les allées, les venues des généraux les plus mécontents et des plus importants personnages du dernier gouvernement. J'ai, à cet effet, envoyé des agents hors Paris, jusque dans leurs campagnes.

J'ai placé des commissaires de police sur les principales routes, principalement sur celles qui conduisent vers le Midi, pour examiner les papiers de tous ceux qui prennent la poste ou qui pourraient arriver à Paris, avec des missions pour le trouble et le désordre.

Des moyens extraordinaires de sûreté, pour le jour et la nuit, ont été combinés entre M. le Général comte Dessoles, M. le gouverneur Maison et moi. Je m'occupe de l'envoi d'agents particuliers dans les départements du Midi, pour être promptement imformé de tout ce qui s'y passera.

Ce n'est que vers midi qu'a commencé à se répandre dans Paris, parmi un très petit nombre, le bruit du débarquement. On ne voulait d'abord pas y croire, tant une pareille entreprise paraissait insensée.

Ce soir, beaucoup plus de peronnes en parlaient, mais encore avec doute et incertitude. C'était la nouvelle des généraux et des hautes classes, elle n'était pas descendue dans le peuple et dans les casernes. Ce n'est, pour ainsi dire, que demain qu'elle retentira dans Paris et que cessera l'espèce d'incrédulité qu'on a commencé à y opposer.

Le premier effet n'a pas été, à beaucoup près, aussi vif qu'on aurait pu le craindre. Tout est resté aussi parfaitement calme que de coutume; le seul changement qu'on ait remarqué a été plus de curiosité et de conversations animées dans le jardin des

Tuileries. La nuit a été aussi calme que les précédentes.

A l'instant où l'on a su le départ des princes et de beaucoup de généraux, la présomption publique s'est portée vers d'importants événements, sans même savoir lesquels. Tous les vœux se sont élancés vers la convocation des Chambres, grand moyen de force morale et puissant auxiliaire pour le gouvernement qui doit chercher sa force et son appui dans l'opinion.

On est généralement convaincu que, durant la crise qui peut avoir lieu, si Bonaparte n'est de suite écrasé, les Chambres se montreront très favorables à toutes les mesures que réclameront les circonstances et qu'elles en doubleront l'efficacité par leur assentiment solennel.

Les fonds publics ne pouvaient manquer de se ressentir de la secousse des esprits. Les cinq pour cent, qui étaient à 81 francs 80 centimes, sont descendus à 75 francs 50 centimes. Les obligations du Trésor se sont maintenues à un 1/2 pour cent. Il en a été racheté pour 480.000 francs.

Ce n'est pas précisément le débarquement qui a fait la baisse, parce qu'on y a d'abord ajouté peu de foi à la Bourse; c'était plutôt l'espèce d'ignorance et d'incertitude où l'on était sur ce qui se préparait, du côté de l'Italie.

On parle d'une proclamation de Murat à toute l'Italie pour l'appeler aux armes. On la dit très violente contre l'Autriche, ce qui semblerait indiquer que la cour de Vienne n'est pour rien dans l'extravagance de Bonaparte.

Même sujet.

7 *Mars* 1815. — Je me dispense de répéter au Roi les détails que je sais Lui avoir été successivement soumis, sur ce qui a suivi le débarquement de Bonaparte.

Les lettres que j'ai reçues des préfets du Var, des Bouches-du-Rhône et du Rhône ne feraient que confirmer à S. M. ce qu'elle connaît déjà : la marche incertaine de l'aventurier, venu en désespéré chercher la mort sur le sol français ; le refus fait par les fonctionnaires, placés sur la route, de trahir leurs devoirs pour lui et même de lui porter des hommages ; la fidélité des pays qu'il a traversés, depuis la mer jusqu'à Gap ; l'arrestation et le désarmement des soldats qu'il avait envoyés à Antibes pour y prêcher le parjure ; l'excellent esprit qui a éclaté à Marseille ; les drapeaux blancs arborés à toutes les fenêtres ; l'enthousiasme de la garde nationale de cette ville demandant à marcher contre l'ennemi commun ; M. le Marechal Masséna répondant à de vains bruits de trahison par des mesures bien combinées et mettant en mouvement les troupes sous les ordres du

Général Miollis; M. le Comte Marchand (1) promettant de défendre Grenoble jusqu'à la dernière goutte de son sang, en cas que cette ville fût attaquée; un heureux mouvement imprimé aux corps armés de ces contrées, de manière à ce que Bonaparte soit bientôt cerné et écrasé, s'il ne survient pas quelques-unes de ces défections que rien ne fait, jusqu'ici, présumer. Enfin, les dispositions de Lyon étaient calmes et paisibles avant même que S. A. R. Monsieur y fût arrivé, pour tout enflammer de sa présence et de son exemple.

Telle est la substance de ma correspondance; elle m'inspire le juste espoir que Bonaparte ne tardera pas à recevoir le digne prix de ses criminels efforts pour livrer de nouveau la France à la guerre civile, à la guerre étrangère, et pour en amener le démembrement, s'il avait pu obtenir le moindre succès.

La proclamation du Roi a eu le succès qu'on en devait attendre; elle a rallié autour du trône tous ceux pour lesquels les devoirs les plus sacrés envers le monarque et les intérêts les plus chers de la patrie sont quelque chose.

On se disputait, ce matin, cette pièce; on la

(1) Jean-Gabriel comte Marchand. Général et Pair de France, né en 1765. Il commandait la 7e division militaire, lorsque l'Empereur débarqua à Cannes.

dévorait et on calcule qu'il en a été vendu, dans Paris, au moins vingt mille exemplaires.

Comme elle ne contenait pas le récit des faits auxquels elle s'appliquait, j'ai fait imprimer et distribuer une très courte notice où ils étaient exposés. Il en a été mis en circulation huit mille exemplaires.

On a pu juger combien nous étions loin des habitudes de la Révolution; car, autrefois, des milliers de groupes se seraient formés, des motions, des propositions de violences, dans l'un ou l'autre sens, s'y seraient faites. Aujourd'hui, on se rencontrait et l'on se questionnait avec inquiétude, on accusait Bonaparte de vouloir troubler notre repos et nous apporter la guerre civile, la guerre étrangère, comme moyens de sacrifier, encore une fois, s'il le pouvait, la France à sa dévorante ambition. Mais personne ne devançait les mesures que le gouvernement réputait utiles; pas un excès n'a été provoqué, pas un désordre n'a été commis.

Les femmes, surtout, voyaient autour de Bonaparte le cortège de calamités qu'il nous destinerait : elles semblaient trembler, déjà, pour leurs enfants. Le bon sens du peuple l'a averti de l'horreur de cet avenir, son opinion s'est bien prononcée.

On ne peut pas en dire autant des militaires, des officiers surtout; leurs vœux, quoique encore embarrassés et dissimulés, perçaient pour leur ancien chef, mais sans éclat, sans tumulte; il n'y a pas eu un cri de : « Vive l'Empereur! »

Si, comme l'indique la folie de son entreprise, Bonaparte avait calculé sur une première explosion, ses partisans l'ont trompé en l'appelant de son Ile : leur coup et le sien ont été manqués. Personne n'eût osé garantir, au moment où retentirait cette nouvelle, un calme aussi parfait!

Ce n'est pas qu'on ait négligé les contes; on est venu me dire, ce matin, que le faubourg Saint-Antoine était en mouvement. J'ai fait vérifier, de suite, ce bruit : pas un individu n'avait bougé.

Ce soir, on a prétendu, jusque dans le château, que des cocardes tricolores avaient été arborées au Palais-Royal. J'ai recueilli, à ce sujet, les renseignement les plus positifs; le fait est absolument démenti par de nombreux témoignages. Il y a même eu moins de monde au Palais-Royal que de coutume et il ne s'y est manifesté aucune agitation.

On peut donc dire, qu'à l'exception du parti militaire qui, encore, est loin d'être unanime dans ses coupables vœux et où les soldats se sont assez froidement montrés, la journée a été tout entière, et sur tous les points de Paris, en faveur des Bourbons contre Bonaparte.

8 *Mars* 1815. — J'ai eu l'honneur de soumettre, ce matin, de vive voix, au Roi, mon opinion sur l'état actuel des choses et sur les faux rapports qui ont dû déterminer Bonaparte à tenter son extravagante entreprise.

Selon d'autres conjectures, il se serait décidé à la brusquer, parce qu'il aurait reçu, de Vienne, des avis secrets portant qu'on allait l'enlever de son Ile et qu'il se serait aussitôt embarqué en l'absence du commissaire anglais, lord Campbell, sans même avertir ni sa mère ni sa sœur.

Les bruits qui le faisaient agir de concert avec Murat semblent affaiblis. On dit, à présent, d'après des lettres de Florence, que Murat était encore à Naples et n'avait levé aucun étendard. On a cependant parlé d'une proclamation très violente de lui contre l'Autriche.

Jusqu'à présent, les proclamations de Bonaparte ne circulent pas dans Paris; ses partisans n'ont guère eu le temps de les recevoir, ses émissaires ne peuvent voyager, ni vite, ni aisément, parce que j'ai prescrit la plus sévère surveillance aux postes qui environnent Paris et sur toutes les routes.

Malgré les contradictions des rapports dont je suis inondé, il me paraît certain que tout le danger de la secousse a été très heureusement évité, et c'est beaucoup. Les surprises, les premières impressions, sont plus dangereuses, en France, que tout le reste ; ce sont elles qui soulèvent et elles sont passées, au moins pour Paris.

On en est venu, après des doutes et un peu d'étonnement, à juger, à apprécier déjà ce coup de tête d'un aventurier à qui il en avait tant réussi. On ne voit déjà plus, en celui-ci, qu'une folie et la preuve que Bonaparte n'est plus le même homme.

Les généraux, eux-mêmes, qui, d'abord, cachaient mal leur joie et leurs espérances, pensent que Bonaparte est perdu et qu'il ne tardera pas à abandonner sa troupe, comme c'est son usage, lorsqu'il s'est précipité dans de trop mauvais pas, et qu'il tâchera de se jeter dans les montagnes ou de gagner Naples.

Quelques personnes ne seraient pas éloignées de penser qu'il songerait à se jeter dans le Piémont, avec le rêve d'y être plus heureux qu'en France et d'y produire une plus forte commotion. Très peu de personnes imaginent qu'il pourrait être secrètement autorisé par quelque puissance. Mais cette combinaison est trop déraisonnable pour obtenir le moindre crédit.

Le peuple de Paris, sans montrer un fort bon esprit, a vu la descente de Bonaparte sous son vrai jour : un moyen de guerre civile et de guerre étrangère. Les femmes, surtout, l'improuvent beaucoup, parce qu'elles sentent, qu'en cas de succès, il ne tarderait pas à leur redemander leurs maris ou, du moins, leurs enfants pour s'opposer à une nouvelle irruption de l'Europe, encore armée contre lui.

On est fort partagé sur l'esprit des soldats; les uns les peignent comme froids pour Bonaparte, les autres comme très séditieux en sa faveur. La vérité est qu'il y a eu moins de cris de « Vive l'Empereur! » qu'en toute autre circonstance et que pas un mouvement inquiétant n'a été remarqué, ni dans les casernes, ni autour.

Trois nuits passées sans la moindre tentative sont une grande présomption qu'il n'existe aucun complot lié; que les plus violents bonapartistes, eux-mêmes, n'ont rien préparé ou qu'ils n'osent rien. Et quand un parti est arrivé à ce point de timidité ou à cette politique expectante, il s'affaiblit et éprouve des défections journalières.

9 *Mars* 1815. — Le spectacle de la revue d'aujourd'hui a été l'un des plus imposants que l'on ait vus depuis longtemps, dans Paris : gardes nationales, troupes de ligne et peuple, tous ont rivalisé d'enthousiasme pour le Roi et pour son auguste famille (1).

Revue d[es] troupes [de] Paris.

(1) Extrait du *Moniteur* du 12 mars 1815.

Paris, 9 mars. — « Les troupes formant la garnison de Paris, les 12 légions de la garde nationale et la 13e légion composée de la cavalerie de cette garde, se sont réunies aujourd'hui, à midi,

Cet élan universel a frappé tous les esprits et n'a pu manquer d'imposer beaucoup aux traîtres mêmes qui se cacheraient dans l'ombre et qui, jusqu'ici du moins, se bornent à de coupables espérances et à des vœux criminels, en faveur de celui auquel ils laissent tous les dangers d'une folle entreprise que quelques-uns d'entre eux ont sans doute conseillée!

Il fallait le plus noble des courages et une imperturbable confiance pour accumuler ainsi, sur un seul point, tant d'hommes armés, au moment même où une partie d'entre eux regrette peut-être secrètement l'aventurier qui vient avec la ridicule pensée de renverser, presque à lui seul, un trône assis sur la base sacrée de la légitimité et sur l'amour des peuples.

Mais, le gouvernement auquel un pareil essai a aussi bien réussi en est, le lendemain, bien autrement fort, puisqu'à l'appui de ses droits se joint alors, aux yeux de tous, l'appui si nécessaire, dans ce siècle, de la puissance militaire.

Aussi, je ne doute pas que la parade de ce jour et

sur la place du Carrousel et dans la cour du palais des Tuileries. Mgr le duc de Berri, accompagné du lieutenant-général, comte Maison, du lieutenant-général comte Dessoles et d'un nombreux état-major, a d'abord passé les troupes en revue. Au moment où le prince a paru devant les premières lignes, les cris de « Vive le roi! Vive Mgr le duc de Berri! » ont retenti dans tous les rangs; un peuple nombreux se pressait autour des bataillons et faisait retentir l'air des mêmes acclamations! »

ses heureux résultats n'aient plus découragé et plus effrayé le parti de Bonaparte que ne le feraient quelques arrestations partielles, que provoquent plusieurs personnes.

Ces arrestations, en montrant une vive inquiétude et une sorte de peur dans l'autorité suprême, assimileraient les circonstances actuelles à tant d'autres qui les ont précédées dans le cours de la Révolution. Tandis que, si nous sortons de la crise actuelle sans violences, sans besoin de coups d'État, une force immense est reconnue dans le Roi et dans les institutions qu'il nous a données; tout projet de les attaquer devient, dès lors, une chimère autant qu'un crime.

10 *Mars* 1815. — A la joie et aux calculs de confiance qui se répandaient, hier, dans Paris, lorsqu'on croyait que Bonaparte n'osait pas avancer au-delà de Gap, ont commencé à succéder, ce matin, les bruits de Grenoble, qui aurait été pris avec trois cents pièces de canon qui s'y trouvaient; puis, on a appris la trahison des troupes qui avaient marché contre l'ennemi et l'assassinat du Général Marchand, qui avait tenté de les retenir.

Marche de Napoléon sur Paris.

Les esprits se sont assombris, bien davantage encore, lorsqu'on a appris, ce soir, qu'il avait été communiqué aux Chambres une dépêche télégraphique portant que Bonaparte était arrivé à Bourgoing, qu'il menaçait Lyon et que les princes avaient dû évacuer ce matin cette ville.

Ces tristes nouvelles, sans être encore arrivées aux casernes, aux faubourgs, couraient de bouche en bouche et imprimaient une sorte de stupeur. Comme les sentiments sont presque toujours extrêmes, parmi nous, on était déjà tenté de conclure que rien n'arrêterait la marche du Corse, de Lyon à Paris, et qu'une défection générale était probable, moins encore de la part des généraux et des officiers, que des soldats, qui, n'ayant rien à perdre, craignent moins de se compromettre et devancent leurs chefs.

Les délibérations secrètes des Chambres ont fait penser qu'on s'y occupait d'arrestations et qu'elles frapperaient les principaux instruments civils ou militaires du dernier gouvernement. Aussi, m'assure-t-on que la plupart d'entre eux ont découché de leurs maisons, qu'on les y chercherait en vain la nuit, car les uns se tiennent hors de chez eux et les autres y sont armés pour se défendre, si on vient les saisir et se donner ainsi le temps de fuire. Néanmoins, ces gens, malgré leurs alarmes personnelles, paraissent pleins d'espoir que la cause de l'usurpation va triompher, sans qu'ils s'en mêlent, par le seul mouvement des troupes qu'ils prétendent n'être pas disposées à se battre les unes contre les autres, dès que l'exemple de passer à Bonaparte a été donné par quelques corps.

12 *Mars* 1815. — La correspondance, que j'ai sous les yeux, me présente les départements sous un aspect qui n'a, jusqu'ici, rien que de satisfaisant pour la cause royale. Partout, le débarquement de Bonaparte a été appris avec une surprise mêlée d'indignation; partout, les autorités se sont mises en mesure de réunir les gardes nationales et de préparer des moyens de défense, si l'ennemi approchait.

Nouvell des départ ments.

Au milieu de ce mouvement, presque général, des esprits, on n'aperçoit que quelques points où percent d'autres sentiments, d'autres dispositions, et c'est seulement parmi les troupes.

On serait tenté de croire que nous touchons au moment de voir l'étrange spectacle d'une armée, se séparant de la nation dont elle est sortie et qu'elle doit défendre, pour se choisir un chef à elle seule et l'opposer au monarque que les vœux des Français ont rappelé sur le trône de ses pères et qu'ils sauront y maintenir, si la force militaire ne triomphe pas, momentanément, d'eux-mêmes.

Au reste, à Paris, la journée d'hier et la nuit ont été aussi calmes qu'on pouvait le désirer. Nul symp-

Calme dans Par

tôme de révolte n'a percé, quoique l'esprit de la masse soit loin d'être satisfaisant.

Bonaparte est haï autant que le Roi est aimé, mais on commence à redouter l'approche de l'usurpateur. La dépêche télégraphique insérée dans le *Moniteur* d'hier (1) a porté, sous ce rapport, le coup le plus fatal. On a, de suite, vu Bonaparte entré dans Lyon, avant même qu'il y fût, les princes en retraite et les troupes en défection.

Dès lors, l'espérance de voir le gouvernement légitime se soutenir, a été fort ébranlée chez un très grand nombre même de ses serviteurs les plus dévoués. On a su que la plupart des personnes de la cour faisaient emballer chez elles, demandaient en toute hâte des passeports et achetaient de l'or à tout prix.

L'effet de ces dispositions a été tel, que presque tout le monde criait, hier au soir, que le Roi devait partir la nuit dernière. Il semblait qu'il n'y eût plus d'incertitude que sur la route qu'il suivrait.

Une foule de personnes, qui sont désolées de la seule idée d'un changement, commençaient déjà à s'y préparer, comme il arrive dans un pays démoralisé

(1) *Moniteur* du 11 mars 1815. — « Une dépêche télégraphique, reçue ce matin, datée de Lyon, à 8 heures 1/2, annonce que Bonaparte a dû coucher à Bourgoin, hier 9, et qu'on s'attendait à ce qu'il pourrait entrer à Lyon, dans la soirée du 10 ».

par tant de révolutions et où les serments ne sont malheureusement plus, aux yeux d'une multitude d'individus, que la promesse d'obéir au plus fort et de le servir fidèlement, pendant qu'il conservera la puissance.

Déjà, les projets d'un gouvernement provisoire volaient de bouche en bouche; chaque parti a le sien et pousse ses créatures. Il est même remarquable qu'en cela on a l'air de ne songer qu'au moyen le plus simple de garantir la tranquillité et de prévenir le pillage.

Un mouvement très vif d'enthousiasme éclata, hier, vers une heure, autour des Tuileries. On y parla de courir aux armes et d'aller en demander à M. le préfet de la Seine. Ceux qui dirigeaient cet élan se mirent en route, mais ils ne furent point suivis et finirent par se dissiper eux-mêmes.

Bientôt on fut persuadé que la dépêche, dont on avait donné lecture, et qui annonçait une victoire de M. le Duc d'Orléans sur Bonaparte, n'était qu'une feinte et que le courrier qui l'avait apportée était parti le matin même des Tuileries.

On en conclut que les affaires allaient encore plus mal, au Midi, qu'on ne le publiait, puisqu'on croyait avoir besoin, pour relever les esprits, de recourir à une ruse et le découragement ne fit que s'accroître.

Chacun s'entretient des mesures qu'il conviendrait d'adopter, mais personne n'est d'accord; on attend le signal du gouvernement que l'on croit lui-même partagé.

La garde nationale a les meilleurs sentiments; l'immense majorité y est pour le Roi et fait des vœux ardents, en sa faveur, contre le tyran qui menace la France d'une guerre civile et d'une guerre étrangère; mais, à en juger par ce que disent les chefs, on ne peut guère compter sur cette garde que pour le maintien de l'ordre dans Paris. Peu d'hommes consentiraient à aller se battre, si Bonaparte approchait à la tête d'un corps nombreux.

Même sujet.

12 *et* 13 *Mars* 1815. — L'esprit public s'est un peu relevé, depuis hier, de l'espèce d'abattement où il était. Il semblait qu'on crût déjà voir Bonaparte aux portes de Paris, comme si son nom eût irrésistiblement entraîné l'armée tout entière par le plus inexplicable des prestiges! On n'osait presque plus espérer que des gardes nationales, en quelque nombre qu'elles fussent, arrêteraient des troupes de ligne, dans leur marche sur la capitale.

La certitude de voir le gouvernement défendu par une portion considérable de l'armée; la loyauté avec laquelle se prononcent les maréchaux; les sentiments de fidélité que professent un grand nombre de généraux et d'officiers supérieurs; la résipiscence des corps de Lille et de Cambrai; l'arrestation du Comte d'Erlon (1) et des deux généraux Lallemand (2); la fuite du Général des Nouettes (3); les nouvelles portant que l'ancienne garde montre, à Metz et à Nancy, l'intention de rester fidèle au Roi et que M. le Maréchal Ney s'avance sur les derrières de Bonaparte; que celui-ci n'a pas huit mille hommes sous ses ordres; qu'il est entré à Lyon au milieu d'un morne silence et que la population des pays qu'il traverse ne s'associe, ni par ses vœux ni par ses efforts, à une si criminelle entreprise, tels sont, pour le public, les principaux motifs de retour, non à une entière confiance, mais à un commencement de sécurité que quelques succès, ainsi que des obstacles mis à la marche de l'usurpateur et la rapide arrivée de l'ancienne garde, accroîtraient singulièrement.

(1) Drouet, comte d'Erlon, maréchal de France, né à Reims en 1765, mort à Paris en 1844. Il fut accusé, sous la première Restauration, d'avoir trempé dans le complot Lefebvre-Desnouettes et arrêté, le 13 mars 1815. Le retour de Napoléon le fit mettre en liberté et l'Empereur le créa Pair de France.

(2) Les deux généraux Lallemand, lorsqu'ils apprirent le débarquement de l'Empereur, tentèrent de fomenter un mouvement parmi les troupes de l'Aisne. Mais la résistance du général d'Aboville, qui commandait à la Fère, les fit échouer et ils furent emprisonnés; Napoléon les délivra quelques jours après.

(3) Le général comte Lefebvre-Desnouettes, né en 1773, mort dans un naufrage, sur les côtes d'Irlande en 1822. Il prit part au mouvement insurrectionnel provoqué par les frères Lallemand et fut condamné à mort, par contumace, après le rétablissement du gouvernement de Louis XVIII.

La question est sans nuages pour la partie pensante du public; il a craint de voir la nation d'un côté, l'armée de l'autre, et une guerre civile s'allumer, sous ces déplorables auspices. Aujourd'hui, l'opinion de la nation se déclare, ouvertement, en faveur du Roi et la majorité de l'armée est heureusement encore avec lui.

L'amour pour le Roi s'augmente des périls mêmes dont on a supposé sa couronne menacée. L'aversion contre Bonaparte se grossit de toutes les chances qu'il nous apporte de guerre intestine et de guerre étrangère. Ses partisans sont étonnés de le trouver si haï, si redouté. On était tenté de le plaindre dans son Ile; on ne fait plus que le détester sur notre territoire.

Mais ces sentiments ne suffiraient pas pour le chasser, pour le vaincre, si les troupes qu'il est si urgent de réunir ne se décidaient à le combattre et à le tenir, ainsi, éloigné de Paris où il s'emparerait de toutes les bouches de la Renommée et ferait taire l'opinion même qui tonne contre lui.

Ce sont moins les chefs qu'il faut redouter, dans cette lutte, que les soldats qui finiraient par emmener la plupart d'entre eux hors des lignes de leurs devoirs, de leurs intérêts, de leur honneur.

Une sorte de démocratie militaire nous menace et nous poussera vers la tyrannie, si l'on ne trouve des moyens efficaces à lui opposer, et promptement. Une fois Bonaparte dans Paris, les défections se multiplieraient et la monarchie légitime, rejetée aux extrémités et réduite à lui disputer quelques provinces, serait gravement compromise.

Il ne serait pas prudent de compter sur une résistance de la part de Paris seul; les enrôlements volontaires de quelques milliers de serviteurs zélés, mais inaccoutumés au métier des armes, y seraient une ressource bien faible, il ne faut pas le dissimuler au Roi.

L'égoïsme, qui est la maladie des grandes villes, et la terreur du pillage qui pourrait suivre une invasion forcée, ne permettraient pas aux Parisiens de s'y exposer en se défendant. Ils subiraient plutôt la loi du conquérant le plus odieux!

C'est donc loin de Paris qu'il faut, à tout prix, sauver Paris, comme Bonaparte l'a éprouvé à pareille époque.

Calme parent Paris

14 *Mars* 1815. — La physionomie apparente de Paris a été, aujourd'hui, plus calme qu'hier, mais le peu de confiance dans les dispositions des troupes et l'effroi de la guerre civile dominent dans l'esprit du grand nombre et ajoutent à l'indignation contre Bonaparte.

Ses partisans présumés sont aussi fort inquiets.

Ils sentent que, l'armée se partageant, il ne s'agit plus, comme ils s'en étaient d'abord follement flattés, d'une promenade de Lyon à Paris, mais d'une lutte qui deviendra sanglante, d'un déchirement qui peut être fatal à tous et à la France entière.

Le zèle et le dévouement qui éclatent, dans une partie de la population, ne rassurent pas, à beaucoup près, tout le monde contre les dangers de la marche de Bonaparte qu'on dit parti, le 12, de Lyon. On craint qu'il se recrute, en route, de la plupart des garnisons ou des corps qu'il rencontre et l'on n'a pas l'entière confiance que, lorsque les troupes, qu'on réunit autour de Paris, seront devant les siennes elles consentent à se battre contre lui.

Propos recueillis dans les casernes.

Le sort de la capitale est dans cette question, dont la solution est loin de dépendre absolument des dispositions des généraux et des officiers eux-mêmes. Les propos que l'on recueille dans les casernes de Paris ne laissent que trop de doute à cet égard. Les soldats n'y parlent pas mal du Roi, ils rendent même justice à sa bonté, mais ils ne montrent aucune résolution de tirer sur Bonaparte, s'il se présente devant eux.

Je trahirais mes devoirs envers le Roi si je lui cachais les nombreux rapports qui m'arrivent en ce sens, tout pénible qu'il me soit de faire à S. M. de telles communications.

Le bruit qui circule sourdement, parmi les bonapartistes, c'est que leur chef sera lundi près de Paris et qu'il cherchera à y entrer, ce jour-là, parce qu'il a toujours eu la manie des anniversaires et que c'est celui de la naissance de son fils (1).

On a tant parlé, autour de la cour, de l'arrestation des principaux d'entre eux, qu'ils sont presque tous cachés. Il n'est donc pas étonnant qu'on n'ait pas trouvé Carnot chez lui. Pour que des mesures de police réussissent, il faudrait ne pas commencer à en menacer hautement ceux qu'elles doivent atteindre, comme on le fait depuis plus de dix jours. Il n'y a, dès lors, plus de secret possible.

Cette disparition a, du reste, une sorte d'avantage, elle rend très difficile tout concert et toute action combinée entre les meneurs d'un complot. Aussi, quoiqu'il soit de mode d'accuser continuellement la police, au risque de briser ses ressorts moraux, il est remarquable que pas une des proclamations de l'usurpateur n'a, jusqu'ici, été affichée ni même colportée dans Paris. Elles n'y sont même pas connues de la plupart de ceux qu'on répute d'ordinaire ses complices; ce qui prouve, ou que les relations, entre eux, ne sont pas aussi libres qu'on le débite, ou que l'autorité chargée de la surveillance n'est pas aussi impuissante et aussi inhabile qu'on cherche à le persuader.

(1) Le Roi de Rome ne naquit pas un lundi, mais bien le mercredi 20 mars 1811.

Beaucoup trop de gens se mêlent de police sans y rien entendre : on est ainsi, sans cesse, écrasé d'une multitude de rapports mensongers dont l'inutile vérification fait perdre à mes agents un temps précieux qu'ils emploieraient utilement à poursuivre des traces plus importantes ; mais, si l'on écarte l'avis le plus invraisemblable, celui même dont la fausseté a déjà été démontrée, il revient par les organes les plus respectables et l'on est près du soupçon, dès qu'on n'adopte pas tout ce qu'il plaît à un zèle aveugle d'accréditer. Quelle découverte essentielle, échappée à ma police, a cependant été faite, jusqu'ici, par les plus inquiets investigateurs !

Nouvelles contradictoires circulant dans Paris.

17 *Mars* 1815. — La journée et la nuit ont été fort calmes dans Paris. La pluie y a peut-être beaucoup contribué, en diminuant les groupes, parce qu'on s'aperçoit que les esprits s'échauffent et fermentent, même parmi le peuple.

Bien des personnes croient qu'il serait difficile de répondre de la tranquillité, si deux jours de beau temps favorisaient les rassemblements populaires.

Les nouvelles les plus contradictoires ont couru aujourd'hui ; tantôt, on a dit que M. le Maréchal Ney était entré à Lyon et les Marseillais à Grenoble ; tantôt, on a assuré que M. le Maréchal, n'ayant pu contenir ses troupes, avait été entraîné par elles à Bonaparte.

Le bruit répandu que le Général Ameil avait été arrêté à Auxerre, avec une avant-garde de 800 satellites de Bonaparte, avait d'abord relevé les esprits; mais, bientôt on a su que ce général avait été surpris seul, ou presque seul, par un inspecteur général des Postes, nommé Augustius, et amené à Paris.

On s'est aussitôt servi du nom d'Ameil pour débiter que Bonaparte n'avait pas seulement 10.000 hommes, comme le mandent les autorités des villes dont il approche, mais 20 à 25.000.

En une pareille position, l'opinion ne peut manquer d'être violemment agitée et, quoique toujours très fortement prononcée contre Bonaparte, elle est encore bien plus occupée à accuser le gouvernement qu'à le seconder en une telle crise.

La Chambre des députés, elle-même, a aussi donné dans cet étrange travers. On y délibérait, en comité secret, sur la réponse à faire à l'admirable discours du Roi. On avait proposé de proclamer que la guerre actuelle était vraiment nationale, lorsqu'un autre membre a demandé qu'on déclarât que les ministres n'avaient plus la confiance de la nation et qu'on suppliât le Roi de les changer.

www.ingramcontent.com/pod-product-compliance
Ingram Content Group UK Ltd.
Pitfield, Milton Keynes, MK11 3LW, UK
UKHW012015240726
13965UKWH00002B/373

9 782012 956490